Rock your curves!

Angelina Kirsch

ROCK
your curves!

Angelina
Kirsch

– INHALT –

Eine Reise zu deinem neuen Körpergefühl 8
Meine Story 11

Rock your Mind!

Raus aus den Mustern 20
Du bist schön, du bist einzigartig! 20
Übung: Was ich an mir schön und liebenswert finde 23
Übung: Ich-liebe-mich-Altar 24
Checkliste: Übung Spiegel 25
Schmeiß die Waage in die Tonne 26
Wenn Worte wie Schwerter wirken: Tschüss, schlechte Freunde 26
Mein großes Vorbild ist meine Mutter! 28
Checkliste: Wer sind deine Vorbilder? 30
Rock your Mind – mit Meditation 32
Übung: Meditation »Liebe mich« 35
Übung: Glaubenssätze 38
»Ich fasse zusammen« 42

Rock your Style!

Heute zeige ich Figur 46
Wir sind kurvig, aber keine XXL-Frauen 48
Zipfel sind der Gipfel 49
Curvy ist nicht nur sexy 51
Gib mir kein A! 51
Bitte keine Murmel 54
Zum schönen Schwan 55
Haltung! 56
Zeigt her eure Arme 56
Weniger oder mehr 57
Hallo, Taille! Lange nicht gesehen... 58
Zeig mir deinen Po 60
Eine Frage der Optik 61
Sie tragen uns durchs Leben 62
Zur Sache, Mädels! 65
Der perfekte BH 66
Höschen, Schlüpfer 68
Shape me, Baby! 68
Achtung, Panne – Humor hilft! 70

– INHALT –

Der Kleiderschrank-Check 74

Bitte nicht! 76

Styling-Tipp Alltag: Fühl dich wohl! 78

Styling-Tipp fein: Der besondere Termin 81

Styling-Tipp Gala: Der große Auftritt 82

»Ich fasse zusammen« 84

Rock your Beauty!

Schönheit kommt durch Lebensfreude 88

Ich liebe mich, wie ich bin 94

Leicht und frisch am Tag 98

Ausdrucksvolle Augen 100

Zum Küssen 102

Alles eine Frage der Kontur 103

»Ich fasse zusammen« 105

Rock your Body!

Diäten machen dick 108

Zähl keine Kalorien 113

Gesund und glücklich ohne Pillen und Shakes 114

Sei es dir selbst wert 117

Der Kühlschrank-Check 118

Nie richtig 120

Und wenn alles blöd ist? 122

»Ich fasse zusammen« 127

Rock your Moves!

Ich tanze durch mein Leben 130

Dein Start in ein bewegtes Leben 131

Finde heraus, was du liebst! 133

Work-out mit Angelina 136

»Let's start!« Work-out 1 – Einsteiger 138

»Get going!« Work-out 2 – Fortgeschrittene 144

»Ich fasse zusammen« 150

Was ich dir wünsche 152

Danke 154

Anregungen, Inspiration & Hilfe 156

Nützliche Adressen 157

»Ich bin *eine* Frau *und* nicht *eine* Zahl, *die* die Waage *anzeigt!*«

Eine Rese zu *deinem* neuen Körpergefühl

Liebe dich selbst und liebe auch deine Kurven: Der Titel zu meinem Buch *Rock your Curves!* ist eine fröhliche Ansage. Dieses Buch ist mir eine Herzensangelegenheit. Ich möchte dich mitnehmen auf eine Reise – auf eine Reise zu deinem neuen Selbst.

So viele Frauen sind unzufrieden mit ihrem Körper. Sie sind traurig, mutlos und fühlen sich nicht liebenswert. Sie machen Diäten und hungern sich fast zu Tode. Besonders ans Herz geht es mir, wenn mir das ganz junge Mädchen schreiben. »Schön und stark«, so nehmen mich meine Fans wahr. Das heißt aber nicht, dass ich das schon immer war. Ich erzähle dir meine Geschichte und zeige dir, wie ich zu meiner Stärke fand.

»Du bist zu dick!« Mit diesem Satz verunsicherte mich meine Oma als kleines Mädchen sehr. Dass er nicht mein Leben lang zu einem schlechten Glaubenssatz wurde, verdanke ich vor allem meiner Mama. Sie hat mir immer wieder gesagt, dass ich richtig sei so, wie ich war. Das hat mich zutiefst geprägt – und zu meiner Selbstliebe gebracht.

Liebe dich selbst, nimm dich an, wie du bist, egal mit wie vielen Kilos. Du bist mehr als eine Zahl auf der Waage oder eine Kleidergröße auf einem Etikett. Wie du das Schritt für Schritt lernen kannst, zeige ich dir in diesem Buch. Ich habe dir hier Übungen, Meditationen, Styling-Tipps und viele weitere Ideen für deine spannende Reise vorbereitet.

Come on!
Rock your Curves!

Meine *Story*

Starten wir mit meiner Geschichte – und mit den Menschen und Ereignissen, die mich stark gemacht haben. Heute bin ich ein selbstbewusstes Curvy-Model, aber das war natürlich nicht immer so. Auch mir wurden allerlei Klischees um die Ohren gehauen. Ausgerechnet meine Oma hätte beinahe dafür gesorgt, dass ich ebenfalls zu einer Frau geworden wäre, die mit ihrem Körper unglücklich ist. Das wusste meine Mutter Gott sei Dank gerade noch rechtzeitig zu verhindern.

Für alle, die mich nicht näher kennen, wird es eine Überraschung sein: Ich bin ein Zwilling! Meine Schwester und ich sind eineiige Zwillinge, aber wir ähneln uns überhaupt nicht. Sie ist dunkelhaarig, schlanker und Zahnärztin. Ich bin blond, kurviger und arbeite in der Mode- und Medienbranche.

Natürlich wurden wir immer verglichen. Von Zwillingen erwartet man, dass sie gleich sind. Uns eint eine tiefe Liebe zueinander, aber wir sind völlig verschieden. Unsere Eltern haben dafür gesorgt, dass wir mit Liebe und Stärke aufwuchsen und uns möglichst unabhängig von der Meinung anderer zu individuellen Persönlichkeiten entwickelten. Klingt super, war aber nicht immer so easy. Auch ich tat mich als Kind beziehungsweise Teenager schwer, gerade als sich die weiblichen Kurven entwickelten. Selbstbewusstsein fällt halt nun mal nicht vom Himmel.

Zurück zu meiner Oma: Als meine Schwester und ich fünf oder sechs Jahre alt waren, waren wir gemeinsam mit unseren sehr dünnen Cousinen bei ihr zu Besuch. Da sagte Oma zu uns folgenden Satz: »Ihr seid aber zu dick! Ihr esst zu viel! Guckt mal eure Cousinen an, die sind nicht so dick!« Ich sehe noch heute, wie wir am Tisch saßen und unsere Münder offen standen. Bis dahin hatten wir niemals über die Figur oder über unser Essverhalten nachgedacht. Warum auch? Wir waren kleine Kinder.

Meine Oma dagegen fand uns zwar zu dick, fütterte uns aber zur Kaffeezeit trotzdem mit Nutella-Semmeln; das waren mit Schokocreme bestrichene Brotteile, die zu Schnecken gerollt waren. Oma brachte uns auch als Erste immer Schokolade mit. Doch plötzlich war unser Aussehen für sie ein ganz großes Thema. Das fühlte sich komisch für uns an und war nicht schön. »Du bist zu dick« heißt ja nichts anderes als: »Du bist nicht richtig.«

Wieder zu Hause angekommen, aßen wir erst einmal ein paar Tage lang weniger. Das rief aber sofort meine Mutter auf den Plan: »Was ist denn mit euch los?«, fragte sie. »Mama, wir wollen nicht zu dick sein!«, war unsere Antwort. Meine Mutter fiel aus allen Wolken. Sie hatte immer darauf geachtet, dass wir normal aßen, nicht zu viel und nicht zu wenig. Wir waren auch sportlich und gingen damals schon ins Ballett und zum Turnen. Man will nicht anders sein, gerade als junger Mensch möchte man immer den anderen gefallen.

Waren wir wirklich dick? Das ist eine spannende Frage, die ich mir auch jetzt noch stelle, während ich dieses Buch schreibe. Was ist eigentlich »wirklich«? Und was richten solche Sätze an?

Wenn ich mir die Fotos aus unserer Kindheit anschaue, sehe ich heute, dass wir nicht übergewichtig waren. Wir waren ganz normale Mädchen. Meine Cousinen waren auch ganz normale Mädchen. Aber während wir beide zu dem schwereren Typus zählten, gehörten sie in die Kategorie ultraschmal. Alle Menschen sind unterschiedlich, und zwar nicht nur in Bezug auf die beiden Merkmale »schwer« oder »leicht«, sondern auf unzählige andere Eigenschaften auch.

Damals jedenfalls schnappten sich meine Eltern die Oma und führten mit ihr ein ernstes Gespräch. Das war für meine Schwester und mich ein wichtiges Signal. Unsere Eltern waren für uns immer wie unsere Anwälte. Sie haben an uns geglaubt und uns gestärkt. Sie haben die Basis für meine Stärke gelegt. Meine Mama wurde für mich ein wichtiges Vorbild.

Als ich in die Pubertät kam, bekam ich als eine der Ersten in der Klasse weibliche Rundungen. Die Jungs machten große Augen, die Mädchen tuschelten. Man selbst findet das in dem Alter nur so mitteltoll. Man möchte in der Gruppe nicht auffallen. Aber natürlich sind wir als Zwillinge sowieso schon aufgefallen. Doch statt uns zu

verstecken und kleinzumachen, konnten wir dank der Eltern wachsen und unsere Persönlichkeit entwickeln. Den Kauf des ersten BHs hat meine Mutter liebevoll zelebriert. Sie regte auch an, unsere aufkommende Weiblichkeit nicht hinter schlabbrigen, zeltartigen Oberteilen zu verstecken. Sie wollte gar nicht erst aufkommen lassen, dass wir uns schlecht fühlten. Dafür stellte sie uns vor den Spiegel, zählte alles auf, was an uns schön war, und ermunterte uns, das Frauwerden zu feiern. Meine Mama hat so oft gesagt, dass ich schön bin, dass ich irgendwann selbst daran glauben konnte.

Als Teenager bekommt man zwar irgendwann mit, dass man nicht die Hässlichste in der Klasse ist, aber das heißt ja noch lange nicht, dass man auch bei allen beliebt ist. Ganz im Gegenteil: Von vielen wird man ganz schnell als die Arrogante, die Eingebildete abgestempelt. Damals stand ich da als hübsche Riesin mit wachsender Oberweite, die einerseits angeschwärmt, aber andererseits abgelehnt wurde.

Dazu fällt mir eine Geschichte ein: Meine damals beste Freundin schrieb mir in mein Freundebuch, dass eine Mitschülerin zu ihr gesagt habe, ich sei eine »DICKE KUH«. Ich habe erst später begriffen, was alles in dieser Botschaft steckte. Ganz abgesehen davon, dass jemand etwas so Verletzendes über mich sagte – ich hatte eine beste Freundin, die mir in großen Lettern verriet, was sie selbst in Wirklichkeit von mir dachte.

Ich war keine Mitläuferin. Wenn es Gruppen gab, die kifften oder rauchten, habe ich nicht mitgemacht, nur um dazuzugehören. Ich habe niemanden verpfiffen, aber mich auch zu nichts überreden lassen, was ich nicht gut fand. Ich habe immer eher mein eigenes Ding verfolgt. Diese Zeit hat mich sehr geprägt. Es machte mir Spaß, mir Ziele zu setzen und dafür zu kämpfen, ob in der Musik, beim Sport oder in der Schule. Wenn ich eine Rolle in einem Stück spielen wollte, habe ich mich wochenlang darum bemüht. In dieser Zeit ist meine Stärke gewachsen, denn ich musste mich durch Schwierigkeiten durchbeißen und konnte für mich erkennen, was wirklich wichtig war. Auch unser Vater hat uns darin immer wieder bestärkt: »Mädels, guckt über den Tellerrand. Wenn ihr etwas erreichen wollt, müsst ihr euch richtig ins Zeug legen.« Und das haben wir auch getan – was dazu führte, dass wir in vielen Dingen erfolgreich wurden. Ich war eine gute Schülerin, habe zwei Musikinstrumente gelernt, nämlich Klavier und Tuba, erfolgreich in einem Orchester mitgespielt und dort Verantwortung übernommen. Aber viel wichtiger als diese Erfolge war die Erkenntnis, dass ich mehr war als eine Figur, eine Hülle. Dass ich vielmehr eine Persönlichkeit bin und mich das als Mensch ausmacht.

Ja, heute kann ich selbstbewusst sagen: Ich finde mich schön, ich liebe alles an mir. Aber das musste ich erst lernen. Viele Menschen denken, wenn man schön ist, hat man es leichter im Leben. Ich kann dir versichern, dass dem nicht so ist. »Schön« kommt gern mal in die Schubladen »dumm«, »arrogant«, »oberflächlich«. Meine Mitmen-

schen scannen meistens in Sekundenschnelle mein Äußeres und nehmen dann erst gar nicht mit mir Kontakt auf. So habe ich das beispielsweise in meinem Studium erlebt. Dass ich Empirische Sprachwissenschaft und Musikwissenschaft studiert habe, bringen viele auch gar nicht mit meinem Modelberuf zusammen. Warum wollen Menschen dann überhaupt mit mir Zeit verbringen? Weil ich schön aussehe? Oder vielleicht weil ich witzig bin, Humor habe und andere gern zum Lachen bringe? Weil ich warmherzig und alles andere als dumm bin?

Auf meinem Lebensweg sind mir natürlich auch Männer begegnet, die mein Gesicht schön fanden, aber mit den fraulichen Kurven nur schlecht umgehen konnten. Sprüche wie »Fünf Kilo weniger würden dir auch gut stehen« haben mich als junge Frau verunsichert. Und wenn dein Freund dir in einer romantischen Situation in die Hüften greift und »Quiek, quiek« macht, willst du dich eigentlich nie wieder nackt zeigen. Diät, Operation, Selbstoptimierung – natürlich hatte ich auch Phasen in meinem Leben, in denen mir solche Optionen durch den Kopf gingen. Aber Gott sei Dank machen mich solche Situationen eher immer bockig. Jawohl! Dann wird mein Sportsgeist

geweckt und ich will erst recht zeigen, was in mir steckt. Und erkennen, wer an mir als Person aufrichtig interessiert ist und nicht nur an meiner Hülle.

Da muss ich jetzt noch einmal auf meine Oma zurückkommen, die leider auch später nicht an mich glauben konnte: »Also für den Modeljob bist du doch viel zu dick«, war eine ihrer Reaktionen, als ich von einer Agentur entdeckt wurde und meine Reise als Curvy-Model begann. Noch dazu war es wieder eine »beste Freundin«, die tatsächlich sagte, dass sie noch nie ein »fettes Supermodel« erlebt hätte. Danke für diese Motivation!

Mein Kampfgeist hilft mir sehr in meinem Beruf. Die Mode- und Medienwelt ist spannend, aber auch anstrengend, oberflächlich und herausfordernd. Natürlich fühlt es sich ganz oft schön an, wenn meine 150.000 Instagram-Follower schwärmen, dass ich toll aussehe oder etwas gut gemacht habe. Aber ich muss auch aushalten, dass Zuschauer über mich lachen, lästern, mich angreifen oder sogar wüst beschimpfen. Das kann ich, weil ich stark bin. Deswegen ist mir auch dieses Buch so wichtig: Ich schreibe es für alle Frauen, für Frauen, die sich nicht mehr schlecht fühlen wollen, die sich nicht über ihre Figur bewerten und ab-

werten lassen wollen. Damit ihr lernt, euch selbst zu lieben und euren ganz eigenen Weg zu finden. So wie ich.

Dazu verrate ich dir auch noch, wie ich von der Studentin zum Modeljob und zum Fernsehen gekommen bin: In einem Italienurlaub entdeckte mich ein Modelagent. Ich wollte nicht abnehmen, das war mir vorher klar, und hatte eigentlich bereits abgelehnt. Aber tatsächlich sollte ich ein Curvy-Model – sprich ein Model für Übergrößen – werden. Die ganze Geschichte dazu findest du im Kapitel »Rock your Beauty!«. Den Menschen gefiel im Laufe meiner Engagements nicht nur mein Gesicht, sondern auch meine fröhliche Klappe und meine Lebensfreude. Und so bekam ich die Chance, mein Wissen als Jurorin in der Sendung *Curvy Supermodel* zu teilen. Auch die Teilnahme bei *Let's Dance* hat mir ganz besonders viel bedeutet und mir noch mal klargemacht, wie sehr ich das Tanzen liebe.

Mein Leben hat sich in den letzten Jahren unglaublich verändert, weil ich für diese Abenteuer offen war. Wie gesagt, es ist egal, was die Waage zeigt: Lerne, dich zu lieben, finde heraus, was dich erfüllt, und lass uns jetzt gemeinsam die ersten Schritte auf diesem Weg gehen.

ROCK
YOUR
MIND!

Egal, wie alt du bist – ein paar Jahre sind jedenfalls schon zusammengekommen in Sachen Körpergefühl, und eine negative Wahrnehmung lässt sich nicht gleich wegzaubern. Aber ich verspreche dir, dass es trotzdem möglich ist, deinen Blick zu verändern. Sei geduldig und liebevoll mit dir. Gib den Dingen etwas Zeit. Ja, es dürfen große Schritte sein, aber auch viele kleine führen zum Ziel. Wichtig ist, dass du einfach anfängst!

♥

Raus aus *den Mustern*

Das Buch kann ein Anstoß sein, um diesen Prozess in Gang zu bringen. Vielleicht sitzen deine Probleme aber auch tiefer; dann ist es gut, wenn du dir zusätzlich professionelle Unterstützung suchst. Darum bitte ich dich sogar sehr, wenn du beispielsweise eine Essstörung wie Magersucht oder Bulimie hast, also wenn sich dein Essverhalten in irgendeiner Weise negativ auf deine Gesundheit auswirkt. Ich weiß, dass es oft schwierig ist, dieses Problem überhaupt erst einmal anzuerkennen. Ein guter Hinweis ist meistens, wenn sich dein Umfeld schon große Sorgen um dich macht. Im hinteren Teil des Buches findest du Organisationen und verschiedene Hilfsangebote.

Wir beginnen mit deiner Einstellung. Veränderung gehen über den Kopf, über die Seele, das Herz.

Du bist *schön,*
du bist einzigartig!

Wenn wir nach unserem Aussehen gefragt werden, können die meisten von uns Frauen wie aus der Pistole geschossen antworten, was sie alles an sich nicht mögen. Wahrscheinlich fallen auch dir gerade ganz viele Dinge ein. Damit bist du nicht allein. 90 Prozent aller Frauen in Deutschland sind laut einer Umfrage mit ihrem Körper unzufrieden. Mich erschreckt diese Zahl. 44 Prozent der Frauen mit normalem Gewicht glauben, dass sie zu dick sind. Ich hätte niemals gedacht, dass die negative Körperwahrnehmung so groß ist. Vielleicht liegt es daran, dass wir von außen nur Bilder vermittelt bekommen, wie wir sein sollten, aber kein positives Bild davon haben, wie wir wirklich sind. Wenn wir dem nicht entsprechen, dann fühlen wir uns falsch. Wir müssen nicht weit schauen, um die Ursachen dafür zu finden. Wir werden täglich von scheinbar perfekten Körpern umzingelt. Frauenmagazine, Werbeplakate, Instagram und Co. zeigen uns makellose Gesichter und Körper. Keine Frage: Ich liebe Magazine, ich liebe Mode, ich liebe Instagram und Facebook. Es macht mir Spaß, Menschen und Dinge zu entdecken, mich auszu-

probieren. Unsere Welt ist damit auch ein großes Stück zusammengerückt.

Aber wie immer im Leben kommt es auf die Dosis und den Inhalt an. Die andere Seite der Medaille ist, dass wir durch all dies ein ungutes Verhältnis zu unserem Körper entwickelt haben. Überall schreit es uns entgegen: »Sei dünn, mach dich schön! Sei wie wir!« »Selbstoptimierung« lautet das Zauberwort. Wir denken, die Frauen in die-

ser Welt sind real. Sind sie aber nicht. Das ist die Wahrheit. Sie sind nicht real – ihre Fotos werden mit Computertechnik bearbeitet, bis die Frauen ohne Falten, Dellen, Muttermale oder andere Zeichen des Lebens zu sehen sind. Manchmal sorgen auch Filter für eine außergewöhnliche Optik.

Alle Frauen sehen unfassbar dünn und glatt aus, weil uns gesellschaftlich vorgegaukelt wird, das sei erstrebenswert. Ganz allmählich hat sich so in unsere Köpfe eingeschlichen, dass wir falsch sind. Dass es ganz viele Stellen an unserem Körper gibt, die nicht liebenswert sind. Dabei sind doch wir die Realität und die Frauen in diesen Magazinen nur Kunstprodukte! Ein gutes Beispiel ist die Schauspielerin Julia Roberts. Sie ist 50 Jahre alt und eine wunderschöne Frau. In ihren Werbeanzeigen gibt es überhaupt keine Spuren im Gesicht: alles geglättet, weich gezeichnet, aber auch oft grotesk unnatürlich, als wäre sie eine Fee aus dem Reich der Elben. Dadurch bekommen wir noch eine weitere Überzeugung eingetrichtert: Nur jugendliches Aussehen hat einen Wert. Für uns bedeutet das: Solange wir jung sind, können wir eine gewisse Makellosigkeit – wenn wir uns ordentlich Mühe geben – vielleicht ja noch hinbekommen. Aber ein Gesicht, in dem die

Spuren des Lebens zu sehen sind, ist nicht erstrebenswert. Fernsehfrauen können davon ein trauriges Lied singen. Sie bekommen keine Rollen mehr und dürfen jenseits der 50 oft nicht mehr als Moderatorinnen arbeiten.

Manchmal sind es auch Menschen an unserer Seite, die uns das Gefühl »falsch zu sein« vermitteln. Da fällt mir wieder die Geschichte von vorhin mit einem Exfreund ein. Wir waren in einer romantischen Situation, haben gekuschelt, und plötzlich kniff er mich in die Hüften und sagt »Quiek, Quiek!«. Hallo!? Zuerst haben wir darüber gelacht, aber dann sickerte es allmählich in meinen Kopf, wie fies das eigentlich war. Eine Weile war ich total verunsichert, habe diese Stellen kritisch angeschaut und mich gefragt, ob er mich jetzt nicht mehr attraktiv findet. »Quiek«, wie ein kleines Schweinchen? Ein blödes Kopfkino wurde da angeschmissen. Ich mochte eine Zeit lang meine weichen Hüften gar nicht mehr unbefangen angucken.

Hier könnte ich noch viele Beispiele aufführen. Viel wichtiger ist es aber zu erkennen, was das mit dir macht. Von außen kommt diese irreale, makellose Frauenherde auf uns zumarschiert und in unseren Köpfen setzt sich fest, dass wir falsch und voller Fehler sind. Die Realität ist aber, dass wir in unfassbar vielen Varianten auf die Welt kommen. Es gibt nicht nur die Kategorien »dick« oder »dünn«, »falsch« oder »richtig«. Nein, dazwischen existieren Tausende von Nuancen – und sie lassen sich auf einen einzigen Satz reduzieren, der wirklich wahr ist: Du bist einzigartig! Dich gibt es nur einmal auf der Welt.

Du bist so gemacht und du hast nur diesen einen Körper zur Verfügung. Er ist wertvoll und nicht zu ersetzen. Mit all seinen Facetten und in jedem Alter. Das ist für mich ein unendlich viel schönerer Glaubenssatz, als zu denken, dass ich nicht perfekt und so vieles an mir falsch sei.

Was ich *an mir* schön und liebenswert *finde*

ÜBUNG

Wenn man jahrelang verinnerlicht hat, was man an seinem Körper nicht schön findet, dauert es eine Weile, bis sich das anders anfühlt. Genau hier und jetzt kannst du dich für einen neuen, liebevollen Blick entscheiden. Damit du den ersten Schritt gehen kannst, schließe ich gleich eine Übung an. Versuche bitte, aus deinem Kopf die Liste der Makel zu streichen. Schau stattdessen auf dein unbekanntes Ich und erschaffe ein neues Bild von dir. Verändere den Fokus. Zeichne vor deinem geistigen Auge ein Bild, das dich nicht auf deine Fehler reduziert, sondern vielmehr auf das, was du an dir magst, was du schön findest. Und hey,

mit ein bisschen Übung gelingt es dir bestimmt, auch ein anderes Gefühl für die Stellen zu entwickeln, die du bisher nicht mochtest.

Scanne deinen Körper von Kopf bis Fuß innerlich ab, schau dich an und finde deine Stellen der Schönheit. Vielleicht fällt dir das auch leichter, wenn du dich vor einen großen Spiegel stellst. Bleib während dieser Übung wertfrei. Kommen negative Gefühle auf, schieb sie weg und schau dich neu an. Ist es die Farbe deiner Augen? Ist dein Haar besonders seidig und schön? Vielleicht sind es die Knie, vielleicht deine Hände, vielleicht ist es dein Eigengeruch? Denke immer daran: Du bist einzigartig!

Ich-liebe-mich-Altar

Auch das ist eine Möglichkeit: Mach den Spiegel zu deinem Freund und richte in deinem Zimmer oder in deiner Wohnung einen eigenen Platz mit einem »Ich-liebe-mich-Altar« ein. Besorge einen großen, schönen Spiegel, einen tollen Stuhl oder ein Meditationskissen. Stelle den Spiegel und die Sitzgelegenheit auf und schmücke auch das Drumherum, vielleicht mit Blumen oder mit fröhlichen Fotos von dir. Schreib oben auf den Spiegel: »Ich liebe dich«. Das wird dir anfangs komisch vorkommen, doch das macht nichts. Wir sehnen uns alle nach Liebe und denken dabei an Freunde, Partner oder Familie. Tatsächlich aber fängt die wahre Liebe bei dir selbst an. Wenn du mit dir in love bist, wird sich alles Weitere finden. Du hast lange genug darüber nachgedacht, was du alles an dir nicht magst. Nun ist es an der Zeit, auf die gleichen Stellen mit Liebe zu schauen. Ich liebe auch alles an mir. Ungelogen! Ja, auch meine Cellulite!

Initiiere jetzt ein neues Ritual vor dem Spiegel: Konzentriere dich jeden Tag auf eine Sache, die dir an dir gefällt – selbst wenn es nur eine ganz kleine Sache ist. Sind es deine Augen oder deine zarte Haut? Schreibe das in ein schönes Buch. Fang mit dem für dich Offensichtlichen an. Das Ziel ist, jeden Teil deines Körpers zu erfassen und letztendlich dahin zu kommen, dass du alles an dir liebst. Richte Liebesbotschaften an die ungeliebten Stellen. Wenn du beispielsweise deine Füße nicht schön findest, dann schreib auf, wie das gekommen ist oder was genau du an ihnen hässlich findest. Schreibe Liebesbriefe an die noch ungeliebten Stellen wie beispielsweise: »Lieber Po, noch mag ich dich nicht so sehr, aber lass uns mal schauen, wie wir zueinanderfinden.«

Versuche, dir jeden Tag so vor deinem Spiegel Komplimente zu machen. Der Alltag ist oft stressig, doch die Übung kannst du auch unterwegs machen. Sage dir immer, wenn du dich irgendwo spiegelst: »Ich bin perfekt, so wie ich bin!« Sage es laut oder aber denke es dir nur – wichtig ist, dass du es dir wirklich bewusst machst! Du wirst spüren, wie du mit jedem Mal innerlich wachsen wirst!

Übung Spiegel

☑ *An meinem Körper mag ich besonders:*

_____

☑ *Dinge, die ich eigentlich nicht so mochte, schaue ich jetzt noch mal neu an:*

_____

☑ *Dazu gebe ich folgende Impulse:*

_____

☑ *Seit wann finde ich diese Stelle falsch?*

_____

☑ *Gab es einen Anlass oder eine Person, die darüber etwas gesagt hat?*

_____

☑ *Ist diese Stelle wirklich so, wie ich sie beschreibe?*

_____

☑ *An meinem Charakter mag ich besonders:*

_____

☑ *Ich habe ein Talent für:*

_____

☑ *Meine Familie und Freunde mögen an mir:*

_____

Schmeiß *die Waage* *in die* Tonne

Natürlich werde ich immer wieder gefragt, wie viel ich wiege. Ich kann es dir nicht sagen. Nein – nicht, weil es ein Geheimnis ist, sondern weil ich es einfach nicht weiß. Das hört sich unglaublich an: Ich bin ein Model und kenne mein Gewicht nicht! Sehr ungewöhnliche Kombination. Aber so ist es. Eine Waage gibt es in meinem Leben schon lange nicht mehr. Weil das Gewicht für mich nämlich keine Rolle spielt. Ich möchte nicht, dass eine Waage mir anzeigt, wie ich mich zu fühlen habe. Ich möchte auch nicht ein Stück Torte essen und mich gleichzeitig schuldig fühlen. All diese negativen Empfindungen habe ich aus meinem Leben verbannt.

Ich kenne meine Maße. Die sind für mich als Model entscheidend. Die sorgen dafür, dass die Kleidung gut an mir sitzt. Dass der BH passt und alles an die richtige Stelle rückt. Dass Klamotten nicht zu groß oder zu klein sind. Das ist viel wichtiger. Also: Lass nicht die Waage über dein Lebensgefühl entscheiden, schmeiß sie lieber in die Tonne!

Wenn Worte *wie* Schwerter *wirken:* *Tschüss,* schlechte Freunde

Ich habe es ja schon erwähnt: Es gab immer wieder diese entlarvenden Sätze von Verwandten oder Freundinnen, die zeigten, wie sie mich sahen und wie sie zu mir standen. Als meine Modelkarriere losging, war ich

natürlich aufgeregt und tauschte mich mit meinen Freundinnen aus. Ausgerechnet meine damals beste Freundin brachte ganz schön harte Sprüche – unter anderem den, dass sie noch nie ein »fettes Supermodel« gesehen hätte. Auch Oma, die mich als Kind schon zu dick fand, nahm mich in Sachen Modeljob nicht für voll. Aber von einer Oma trennt man sich eben nicht so einfach und ich konnte das auch für mich einordnen. Es war keine Entschuldigung für ihre unbedachten Worte, aber sie kam aus einer anderen Generation und war sehr konservativ.

In der Partnerschaft kann man es noch weniger ignorieren, wenn – vielleicht sogar in erotischen Situationen – Sprüche bezüglich Übergewicht oder sogar Diätempfehlungen kommen. Liebeskiller Number one! Im ersten Moment war ich verletzt, aber dann haben mich diese Verletzungen angespornt. Und ich habe Konsequenzen gezogen. Denn was machen solche Sätze eigentlich mit der Beziehung zu den Menschen? In meinem Fall konnte ich nicht an den Freundschaften festhalten. Wie kann ich mit einem Mann zusammen sein, der an ein kleines Schweinchen denkt, wenn er mir in die Hüften greift? Wie kann ich jemanden meine Freundin nennen, wenn sie nicht an mich glaubt?

Schau deinen Freundeskreis an. Tun dir alle Menschen gut? Löse dich von denen, die dich runterziehen, klein machen – einfach nicht gut für dich sind. Es gibt Menschen, die müssen andere kleinmachen, um sich zu erhöhen und besser zu fühlen. Hast du so jemanden in deinem Umfeld?

Mein großes Vorbild *ist* meine Mutter!

Die innere Stärke habe ich von meinen Eltern. Sie haben immer an uns geglaubt und uns bestärkt. Dass ich heute alles an mir schön finde, verdanke ich meiner Mama. In allen kritischen Phasen meines Lebens fand sie die passenden Worte oder tat das Richtige. Immer wenn ich traurig und niedergeschlagen war, gerade in Sachen Gewicht, wusste sie Rat und

Trost. Mama hat unsere Unsicherheit bemerkt, als sich in der Pubertät unsere Kurven rundeten und wir versuchten, dies unter großen Pullis zu verstecken. Sie hat uns immer aufmerksam begleitet und bestärkt. Mama hat sich mit uns vor den Spiegel gestellt und gesagt: »Ihr werdet jetzt Frauen. Und das ist wunderschön!« Als ich meine erste Pille verschrieben bekam, legte ich plötzlich mächtig zu. Das machte mir zu schaffen. Auch hier hat mich meine Mama gerettet und dafür gesorgt, dass ich auf eine andere mit weniger Hormonen wechselte. »Macht bloß keine Diät. Dadurch werdet ihr nicht glücklich. Erst nimmt

man ab, hinterher kommt der Jo-Jo-Effekt und man hat noch mehr Pfunde als zuvor. Wenn ihr eine Diät macht, verbiegt ihr euch. Wenn ihr euch verbiegen müsst, dann haltet ihr das nicht lange durch. Wenn ihr also unglücklich seid und etwas dagegen tun möchtet, dann macht etwas, was man auch durchhalten kann.« Diese wichtigen Worte haben dafür gesorgt, dass eine Diät nie eine Option für mich war. Meine Mama hat die Weichen für mein Selbstbe-

wusstsein gelegt. Sich annehmen, wie man ist. Unsere Eltern haben unsere Persönlichkeit gestärkt, sodass wir uns entfalten konnten. Uns nicht nur über unser Äußeres definierten, sondern etwas fanden, was uns im Inneren stärkte. Sie sagten uns auch immer wieder, dass wir schön seien. Bis heute sind meine Eltern wichtige Begleiter und Ratgeber. Sie haben uns beigebracht, zu allem zu stehen, was wir tun, und uns nicht so schnell entmutigen zu lassen.

Wer sind deine Vorbilder?

Stell dir folgende Fragen:

☑ *Hast du jemanden an deiner Seite, der dich stärkt?*

_____

☑ *Wer hat dich geprägt?*

_____

☑ *Welche Menschen waren/sind wichtig?*

_____

☑ *Was sind deine Stärken? Deine Talente?*

_____

☑ *Was macht dich glücklich?*

_____

☑ *Wer ist dein Vorbild?*

_____

»**Für andere**
bin **ich** *entweder*
zu dick *oder* **zu dünn.**
Für mich *bin ich*
genau **richtig!**«

Rock *your Mind* – *mit* Meditation

Meditieren, warum das denn? Schüttelst du den Kopf oder denkst du, das ist nichts für dich? Anfänger beklagen, dass ihre Gedanken dabei immer wild durcheinanderfliegen, und geben schnell auf.

Ich möchte dich dennoch herzlich einladen, die Meditation auszuprobieren. Gerade wenn man etwas verändern will, ist sie ein wunderbares Werkzeug. Das Wort *meditare* kommt aus dem Lateinischen und heißt »nachdenken, überlegen, nachsinnen«. Meditation ist eine spirituelle Achtsamkeitsübung, die dir helfen kann, ruhiger und gelassener zu werden und die Aufmerksamkeit auf neue Dinge zu lenken.

Gerade in den letzten Jahren hat die Meditation eine immer größere Bedeutung für uns bekommen. Überall liest man darüber, viele Stars und Prominente berichten auf ihren Social-Media-Kanälen von ihren Praktiken und wie sie mithilfe der Übungen lernen abzuschalten. Die Meditation selbst ist allerdings keine Modeerscheinung, sondern in vielen Kulturen eine jahrtausendelang ausgeübte, alte spirituelle Praxis.

Warum wird das Thema dann aber jetzt so groß? Das geht wohl einher mit den Veränderungen in unserer Lebens- und Arbeitswelt: Immer mehr Aufgaben müssen in noch kürzerer Zeit bewältigt werden. Auch die Möglichkeiten der Digitalisierung haben großen Anteil daran. Wir können zwar alle immer und zu jeder Zeit kommunizieren, sind dadurch allerdings auch immer unter Strom. Wir können einfach nicht mehr abschalten – die vielen Nachrichten beunruhigen unseren Geist. Alles, was auf der Welt geschieht, bekommen wir mit, darunter sehr viele beängstigende Zustände.

Aber auch der harmlose Austausch unter Freunden nimmt überhand und hält uns ständig in einer Art Alarmbereitschaft, die sehr erschöpfend sein kann. Dabei sehnen wir uns nach Ruhe und Konzentration. Diese können wir durch die verschiedenen Meditationstechniken erlangen. Auch um falsche Glaubenssätze abzulegen und die eigene Haltung neu zu »programmieren«, ist es ein vielseitiges und wunderbar einsetzbares Werkzeug.

Meine Meditationen dürfen dich auf deinem Weg zu mehr Selbstliebe und einem positiven Körpergefühl unterstützen. Denke immer daran, dass das ein Angebot ist und kein Zwang. Es macht nichts kaputt, und schaden kann es auch nicht. Selbst mir, die ich immer gern in Bewegung bin und nicht gerade zu den schweigsamsten Menschen auf diesem Planeten gehöre, tut es manchmal einfach gut, mich zu zentrieren und in der Stille neue Kraft zu sammeln.

Meditieren kann man an jedem Ort und zu jeder Zeit. Man hat bei dem Wort gleich ein Bild vor Augen: Menschen im Schneidersitz auf speziellen Kissen oder Bänkchen. Das ist ein tolles Ziel, auf das man hinarbeiten kann. Zunächst ist es ideal, wenn man wirklich eine Zeit lang ungestört sein kann.

Suche dir einen ruhigen Ort mit einem bequemen Sitz. Oft fühlt es sich anfangs besser an, wenn du dich anlehnen kannst. Wenn es beim Sitzen nicht die ganze Zeit zwickt und zwackt, fällt es dir leichter, dich zu konzentrieren und deine Gedanken zu fokussieren. Vielleicht kaufst du dir auch ein schönes Meditationskissen und richtest dir, als Symbol für deinen Neubeginn, einen Platz zu Hause ein.

Egal, wofür zu dich entscheidest: Fang einfach an. Nimm ein paar tiefe Atemzüge durch die Nase und atme auch mit geschlossenem Mund wieder durch die Nase aus. Prüfe in Gedanken deinen Sitz und spüre, wie du mit dem Boden verbunden bist: Wo berührt dein Körper die Sitzfläche, wo den Boden? Verwurzel dich in Gedanken mit diesen Stellen und fühle dich stabil und sicher. Beobachte deinen Atem, achte darauf, wie der warme Luftstrom durch die Nase in deinen Körper gelangt, durch ihn strömt und ihn wieder verlässt. Wenn jetzt Gedanken kommen – wahrscheinlich sind sie schon da –, dann sei liebevoll und sag zu ihnen »Jetzt nicht!«. Oder schiebe sie einfach weiter wie die Wolken am Himmel.

Mit der Zeit lernst du, dich besser zu fokussieren. Um das zu üben, kannst du auch deinen Atem zählen. Atme ein – eins, atme aus – eins, atme ein – zwei, atme aus – zwei. Wenn du dich verzählst, fängst du einfach wieder von vorn an. Es gibt keine Zeitvorgabe für eine Meditation. Je mehr du das üben kannst, umso besser wird es funktionieren. Du kannst auch auf dem Weg zur Arbeit oder in Gesellschaft immer wieder üben, dich auf deinen Atem zu konzentrieren und dich gedanklich zu fokussieren. Das geht ebenso mit offenen Augen. Viele Studien haben ergeben, dass man sich durch regelmäßige Meditationen seelisch und körperlich stabiler fühlt. Selbst bei Schlafproblemen helfen diese Achtsamkeitsübungen. Geführte Meditationen durch einen Lehrer und Musik können ebenfalls ein Weg sein. Es gibt auch verschiedene Apps und Programme, die dir dabei helfen.

In die Stille zu kommen und den Geist zu beruhigen, ist eine Möglichkeit. Verbindest du das zusätzlich mit einem Anliegen, kann dich die Meditation dabei unterstützen, dein Ziel zu erreichen.

Meine Meditationen sollen dazu führen, dass du dich wohler in deinem Körper fühlst und liebevoller zu dir selbst bist. Daher habe ich die passenden Leitsätze jeweils in den einzelnen Kapiteln für dich formuliert.

MEDITATION »LIEBE MICH«

Zünde eine Kerze an, schließe die Augen, atme mehrmals tief ein und aus, lasse deinen Atem nun ruhiger und gleichmäßiger werden. Denke intensiv an diese Worte:

- Ich bin richtig,
- alles an mir ist gut,
- ich habe eine schöne Seele,
- ich werde geliebt,
- ich liebe mich.

Egal, wie oft du meditierst oder dir bewusst Zeit nimmst, um die Leitsätze zu verinnerlichen, du wirst merken, dass es sich gut anfühlt, etwas nur für sich zu tun. Dieser Moment gehört dir, um dein Inneres zu spüren und zu stärken.

Glaubenssätze

Worte können sich ins Herz und ins Gehirn einbrennen wie in die Festplatte eines Computers. Sie werden manchmal nebenbei fallen gelassen, manchmal sollen sie bewusst verletzen. Manchmal ahnen die Menschen, die sie in die Welt bringen, gar nicht, was sie damit anrichten. Manchmal versteckt sich hinter einem Satz noch eine zweite Botschaft. Wir alle kennen diese Glaubenssätze. Auch mir wurde gesagt, dass ich zu dick sei. Nicht immer werden diese Worte so klar ausgesprochen. Manchmal verstecken sie sich hinter anderen Aussagen.

Oft spüren wir sofort ein Unbehagen, manchmal erst etwas später. Vertrau auf deine Intuition – das Gefühl ist oft richtig. Nicht immer meinen es Angehörige oder Freunde böse. Manchmal steckt eine Absicht, ein Schutz oder auch nur Gedankenlosigkeit dahinter. Kommt einer dieser Sätze, sag einfach »Stopp!« und mache dein Gegenüber darauf aufmerksam, dass dich diese Worte verletzen.

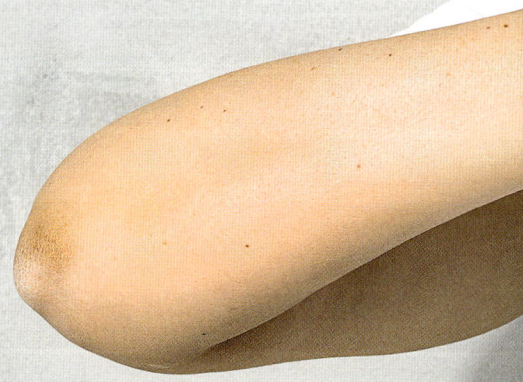

GLAUBENSSÄTZE

Was sind deine Glaubenssätze?

Welche Worte haben sich bei dir ins Herz gebrannt und Verletzungen hinterlassen?

Denke an deine Kindheit zurück: Wer hat solche Worte gesagt und in welchem Zusammenhang?

Ein schmerzhafter Prozess. Aber nun ist es an der Zeit, diese Glaubenssätze loszulassen. Sie haben ihren Schaden angerichtet und konnten jahrelang unbemerkt in dir wüten.

Dazu möchte ich dir ein kleines Ritual ans Herz legen: Schreibe eine Liste deiner Glaubenssätze. Dann schreibe jeden Glaubenssatz noch einmal auf einen einzelnen Zettel. Gehe dabei ganz bewusst und behutsam vor und fange schon beim Schreiben an, dich in Liebe von ihnen zu verabschieden.

Dann nimm die Zettel mit an einen Ort, der für dich passt – vielleicht ist es dein Garten, vielleicht ein magischer Platz, den du für dich entdeckt hast. Mach ein kleines Feuer in einem geeigneten Gefäß (Feuerschale, Grill, alter Topf) oder zünde eine Kerze an. Nimm jeden deiner Glaubenssatzzettel und entzünde ihn über der Flamme. Leg ihn in die mitgebrachte Schale und schau zu, wie sich dein Satz in Rauch auflöst und in den Himmel steigt.

Lass alle Zettel in Rauch aufgehen – jetzt darfst du sie einfach loslassen. Du brauchst sie nicht mehr. Heute ist der erste Tag deines neuen Lebens ohne diese Sätze.

»*Das* Leben *ist* kostbar, was sind *da schon* ein paar Dellen *auf* den Schenkeln?!«

»ICH FASSE ZUSAMMEN«

In diesem Kapitel haben wir uns erst einmal mit deinem Mindset beschäftigt. Ich habe hier noch mal kurz alle Punkte für dich zusammengefasst, damit du dich immer wieder gut daran erinnern kannst.

- Du bist schön und einzigartig!
- Glaube an dich.
- Schaue mit einem liebevollen Blick in den Spiegel und lerne, alles an dir zu lieben.
- Vergiss die Waage. Du bist mehr als eine Zahl.
- Verabschiede dich von Glaubenssätzen und trenne dich von Menschen, die es nicht gut mit dir meinen.
- Finde deine Vorbilder.
- Finde zu deiner Ruhe und deiner neuen Kraft durch Meditation.

Du bist stark und schön!

ROCK
YOUR
STYLE!

Ich liebe die Mode. Aber bis vor ein paar Jahren hätte ich nicht gedacht, dass ich mal als Model arbeiten würde. Seitdem habe ich so viel gelernt – vor allem bin ich mutiger geworden. Das erste Kapitel zu mehr Körperliebe ist vollbracht. Nun wird es Zeit für einen neuen Style. Ich zeige dir, was geht und was Frau lieber lassen sollte. Bringen wir also frischen Wind in deinen Kleiderschrank …

♥

Heute *zeige ich* Figur

In der Mode fühle ich mich zu Hause. Ja, ich liebe sie – jetzt noch mehr, seitdem sie ein Teil meines Berufes geworden ist. Meine Mutter hat sich immer schon attraktiv gekleidet. Sie hat uns Töchter schön angezogen und so ist die Lust auf tolle Garderobe auch bei uns gewachsen. Wir haben das zelebriert und das tue ich bis heute. Dennoch gab es immer eine Art Regelwerk, was kurvige Frauen nicht tragen sollten. Ich fasse zusammen: keine Fellwesten, keine Overknees, keine Lederhosen, keine flachen Schuhe, keine Miniröcke, keine engen Kleider, keine knalligen Farben, keine Muster, keine Querstreifen. Am besten nur schwarz, sich in Säcke hüllen oder gleich unsichtbar werden. Nein, Scherz beiseite, mein Beruf als Model hat die Sicht auf die Mode sehr verändert. Ich bin sozusagen modisch gewachsen.

Hosen kaufen war früher ein Debakel. Wenn sie oben gepasst hat, war sie in der Mitte zu eng oder stand unten ab. Das war oft ein fürchterliches Drama. Ich bin ein Schenkelmädchen. Meine Schenkel lieben sich, die reiben aneinander. Ich wollte nie, dass man meinen Po sah. Natürlich habe ich versucht, alles mit langen Teilen zu kaschieren. Durch den Job habe ich aber gelernt, meine Kurven zu zeigen. Ich trage heute viel körperbetontere Kleidung – und das wirkt toll. Ich bin mutiger geworden. Früher hätte ich nie ein T-Shirt in die Hose oder den Rock gesteckt, weil ich dachte, das sieht hässlich aus. Aber inzwischen haben mir einige tolle Stylistinnen wunderbare Tipps gegeben. Früher habe ich auch Kleider getragen, die einen Ausschnitt hatten und unten weiter wurden. Heute trage ich weniger Ausschnitt, dafür sind die Kleider figurumschmeichelnder. Ich verwende häufiger Gürtel und kurze Jacken. Ich habe gelernt, meinen Po nicht zu verstecken! Walla-Walla-Gewänder habe ich aus meinem Kleiderschrank verbannt. Kaschiert wird heute nichts mehr.

Geht es um Mode, bin ich grundsätzlich offen. Selbst wenn ich einen Trend nicht sofort verstehe, bleibe ich neugierig und probiere ihn aus. Sollte ich dann feststellen, dass er mir nicht steht, ist das okay und ich freue mich trotzdem, wenn ich andere Menschen sehe, die dieser Trend gut kleidet. Es gibt tatsächlich einiges, was ich an mir nicht allzu gern sehe. Dazu gehören zum Beispiel Neonfarben, Kleider im Empireschnitt oder Leggins. Über Kleidung kann ich auch meine Stimmung ausdrücken. Ich liebe zum Beispiel Boyfriend-Jeans, die sind lässig. Overknees, ja, enger Bleistiftrock – das

trage ich heute alles. Es ist auch immer eine Frage der Kombination. Zur Weihnachtszeit liebe ich Glitzer und wollige Sachen, im Sommer trage ich ganz strahlende Farben wie Knallorange. Lass die Farbe in dein Leben und vergiss nicht ganz dein Alter: Plündere also bitte nicht den Kleiderschrank des Teenagers, sondern kleide dich nach deinem Gefühl.

Wir sind *kurvig,* *aber* keine *XXL-Frauen*

In den letzten Jahren habe ich viel dazugelernt und traue mich heute in Sachen Mode viel mehr als früher. Aber jetzt möchte ich dir erst einmal erzählen, warum ich das Wort »kurvig« oder »curvy« so toll finde. Du kennst sicher die Begriffe, die in unserem Kontext verwendet werden: XXL-Frauen, Rubensfrauen, Übergrößen und Plus-Size. Die meisten finde ich einfach nur furchtbar. Sie reduzieren uns auf Etiketten, die ich gar nicht haben möchte – wir sind doch so viel mehr. Wir haben Kurven, und die sollten wir in schöne Gewänder kleiden. Mir gefällt das Wort »kurvig« sehr, denn es ist überhaupt nicht abwertend. Es hört sich liebevoll an, verheißungsvoll, wertvoll. Und die englische Form klingt noch ein bisschen frecher.

Grundsätzlich finde ich diese ganze Einsortiererei ziemlich überflüssig. Sie macht aus uns etwas Ungewöhnliches, und das wäre gar nicht nötig. Frauen in anderen Größen werden doch auch nicht rauf- und runterdekliniert – ausgenommen Frauen, denen Size Zero passt, die kleinste Kleidergröße (bei uns 32). Sie wird wie ein erstrebenswerter Pokal angepriesen, doch die Frauen geben oft ein ziemlich trauriges Bild ab. Es ist ein großer Unterschied, ob man sich auf eine Größe hinunterhungert, die gesellschaftlich für chic erklärt wird, oder ob man von Natur aus schmal ist.

Ich habe eine Bekannte, die extrem dünn und klein ist, und zwar von Geburt an. Sie ist schon so auf die Welt gekommen, ebenso wie ihre Kinder. Sie hat keinen Busen und kauft ihre Kleidung regelmäßig in Kindergrößen. Darunter leidet sie, denn sie möchte keine Kinderklamotten anziehen und sich nicht dauernd rechtfertigen. Sie muss regelmäßig erklären, dass sie nicht magersüchtig ist. Dabei ist auch sie nur ein weiteres Beispiel dafür, wie unterschiedlich wir Menschen sind. Richtig wäre es, unterschiedliche Figurentypen gar nicht mehr zuzuordnen, sondern neutral zu behandeln.

Zipfel
sind der Gipfel

Um es vorwegzunehmen: Es wird besser! Ja, Mädels, die Auswahl für kurvige Frauen wird besser. Trotzdem muss ich mir hier noch mal Luft machen. Da hat sich über Jahre etwas angestaut und viele meiner Leidensgenossinnen werden jetzt nur noch nicken: Was zur Hölle ist in die Macher einiger Übergrößen-Labels gefahren? Wo haben die ihr Handwerk gelernt? Wer macht so einen…? Gut, dass man in Schleswig-Holstein das etwas nettere Wort »Schiet« benutzt. Euer Ernst? Also, ich fasse mal zusammen, was uns kurvige Frauen normalerweise im Alltags-Kleidershopping erwartet: Zelte mit Teddys drauf oder mit komischen Musterprints oder entsetzliche Westen mit möglichst vielen Taschen in Brusthöhe, merkwürdige Jeansjacken, noch merkwürdigere Großraum-T-Shirts, entwürdigende Unterwäsche. Alles zusammengefasst: oft Dinge, in denen ich wirklich niemanden sehen möchte, geschweige denn Frauen in den Altersklassen zwischen 16 und 60 Jahren.

Dabei kann man sich auch des Eindrucks nicht erwehren, als würden die alle voneinander abschreiben, äh, sorry, ich meinte natürlich abschneidern. Mode und größere Größen sind zwei Dinge, die sich in normalen Einkaufspassagen nahezu ausschließen. Das hat nämlich nix mit Mode zu tun – das ist eine Zumutung.

Okay, ich beruhige mich ja schon wieder. Halt, nein: Ich habe noch gar nicht über mein absolutes No-Go gesprochen! Welches Detail ich an absolut keiner Frau mehr sehen will, sind Zipfel! Diese Zipfel sind der Gipfel! Asymmetrische Oberteile mit Zipfeln dran sind auch so ein Lieblingsgadget der

Mollimodemaker. Kennt ihr, oder? Habt ihr vielleicht auch im Schrank? Für alle, die dieses Phänomen nicht kennen, hier eine kleine Beschreibung: Zipfel sind meist an Säumen von Oberteilen oder Kleidern zu finden. Diese spitz zulaufenden Fähnchen sollen dem Kleidungsstück das gewisse Etwas geben, wirken aber leider eher, als hätte man übrig gebliebene Stoffreste verwerten wollen. Recycling ist zwar ein löblicher Gedanke, aber doch bitte nicht in Form dieser kleinen winkenden Eselsohren. Wer auf die Idee gekommen ist, dass wir das so wahnsinnig toll finden könnten – das würde ich zu gern mal wissen!

Der erste Kommentar, den ich häufig in Bezug auf Zipfel höre (und Ladys, in meinem Job begegne ich diesen fiesen Dingern leider noch viel zu häufig), ist: »Wie witzig das aussieht!« Nun mal ganz ehrlich, meine Lieben, Hand aufs Herz: Wer will denn bitte witzig aussehen? Wir sind Frauen, und wir wollen toll, schick, schön, elegant, cool, modern, lässig – alles, aber doch wohl nicht witzig – aussehen! Ich verstehe Asymmetrie und es gibt Kleidungsstücke und Figurtypen, bei denen das super aussieht. Aber bitte, bitte, bitte lasst von jetzt an die Finger von Zipfeln an euren Klamotten!

Curvy ist *nicht nur* sexy

Seine Kurven zu zeigen, das ist toll. Was mich aber wirklich nervt, ist die Tatsache, dass kurvige Frauen – die immerhin heutzutage öfter gezeigt werden – häufig nur als Sexbomben dargestellt werden. Sie werden inszeniert als laszive Lustweiber und darauf reduziert. Ja, kurvige Frauen können und dürfen sexy sein, aber doch nicht nur! Wir sind so viel mehr: Wir sind cool, elegant, lässig, modisch. Aber wieder haben wir hier fototechnisch gesehen eine Reduzierung des Frauenbildes – entweder »dick mit Zipfelshirts an« oder »auf dem Bett rekelnd mit Schlafzimmerblick und den Busen hochgedrückt«. Wer denkt sich so etwas aus? Mal abgesehen davon, dass das uns Frauen nicht gerecht wird! Wir brauchen dringend auch Vorbilder für unseren ganz normalen Alltag!

Gib mir kein A!

Hey, bist du eher Typ Birne oder doch ein Apfel? Wenn du Klamotten kaufst, denkst du dann auch immer daran, dass du ein H bist? In Zeitschriften gibt es immer diese kreativen Beschreibungen unserer Körperformen. Obstsynonyme oder das Figurenalphabet sollen bei der Suche nach der perfekten Kleidung helfen. Aber wie zieht man einen Apfel an? Und darf ein A überhaupt Pullover tragen? Okay, Spaß beiseite. Diese Kategorien können als grobe Anleitung helfen, aber wir haben alle einen unterschiedlich ausgeprägten Körper. So kann die eine Frau mit X-Figur schlankere Arme haben, während die Arme der nächsten X-Frau kräftiger sind. Daher finde ich es sinnvoller, die eigenen Zonen einmal genauer zu betrachten; schließlich besteht ein Puzzle aus vielen Teilen. Ich gebe dir nun von Kopf bis Fuß ein paar Tipps und Tricks aus meinem persönlichen Mode-Einmaleins.

Bitte **keine** *Murmel*

Ein kleiner Kopf auf einem großen Körper: kann passieren, lässt sich aber mit der richtigen Frisur ausgleichen. »Volumen« heißt hier das Zauberwort. Aber Vorsicht vor der Helmfrisur! Ein lässig nach oben gebundener Dutt, leichte Wellen oder auch mal wilde Locken schaffen das mit Leichtigkeit. Lange, glatte Haare kann man auch mit einem Hut, Haarschmuck oder einer Kappe aufpimpen.

Es spricht nichts gegen glatte Haare oder reduziertere Frisuren, nur bitte immer das Verhältnis zum Körper im Ganzen betrachten. Niemand wünscht sich einen kleinen Murmelkopf. Und diese Optik bekommt man leider mit einem kurzen Pixie-Cut. Kurze Haare, verwuschelt oder lässig gestylt, schaffen Volumen.

Umgekehrt gilt das natürlich auch: Große Köpfe wirken länger und schlanker mit raspelkurzen oder langen, glatten Haaren – und lassen so das Verhältnis von Kopf und Körper schmeichelhafter erscheinen.

Zum schönen Schwan

Wir alle wünschen uns einen schönen schlanken, langen Schwanenhals. Doch selbst wenn deiner etwas kürzer ausfällt: Liebe ihn mit all seinen Falten und Fleckchen, in seiner ganzen Pracht! Mit eine paar Tricks kannst du ihn ganz leicht optisch verlängern.

Doch bitte Finger weg von kuschelig gebundenen Halstüchern – die sehen zwar schick aus, lassen aber den Hals verschwinden! Wer trotzdem nicht auf die Schals verzichten möchte, der bindet sie ganz locker oder lässt sie offen den Hals umspielen.

Kapuzen sind ein wunderbares Accessoire.

Sie können allerdings auch die Eigenschaft haben, den Hals zu verkürzen. Macht aber nichts, denn mit der richtigen Frisur ist das kein Problem: Einfach die Haare in einen lockeren Zopf oder Knoten gebunden, und schon ist der Hals wieder da.

Alles, was eine V-Form bildet, streckt den Hals optisch. Auch bei Ketten gern auf die Länge achten. Aufgepasst: Große Frauen tragen großen Schmuck. Die kleine, feine Minikette sieht zwar in der Verpackung süß aus, verschwindet aber leider auf unserer Haut. Auch hier gilt natürlich: Das Accessoire sollte individuell zu dir passen.

Haltung!

D as sind meine Maße: 105–76–113. Laut des Figurenalphabets habe ich eine X- oder auch Sanduhr-Figur. Ich habe eine schmale Taille, breitere Hüften und eine größere Oberweite. Im Verhältnis sind meine Hüften breiter als mein Oberkörper. Daher liebe ich es, dieses kleine Ungleichgewicht mit der Betonung meiner Schultern auszugleichen. Das mache ich mit verschiedenen Hilfsmitteln: Puffärmel, Volants, schmückende Details – alles ist erlaubt. Mein Tipp, wenn du absinkende Schultern hast: Schulterpolster! Dadurch wirkt deine Haltung gleich viel aufrechter.

Zeigt her eure Arme

E in Gesetz, das ich schon früh eingetrichtert bekommen habe: »Große Frauen dürfen auf keinen Fall ihre Oberarme zeigen!« Wieso eigentlich nicht? Ich gehöre auch zu den Kandidatinnen, die mit starken Oberarmen gesegnet wurden. Und ich zeige sie gern! Ich trage zum Beispiel gern Shirts mit überschnittenen Schultern. Wer sich nicht an Tanktops und Co. traut, im Sommer aber trotzdem luftig gekleidet sein will, greift zu umspielenden Lösungen wie leichten Ärmeln aus Spitze, Fransen oder Chiffon. Bitte lass aber die Finger vom klassischen Bolero-Jäckchen, das schafft leider ganz merkwürdige Proportionen! Dann zieh dir lieber eine besonders schicke Kurzjacke an.

Weniger oder *mehr*

Bei der Oberweite scheiden sich die Geister: Die eine Frau mag es üppiger, die andere wünscht sich ihren Busen kleiner. Mal abgesehen von dem perfekten BH, zu dem ich später noch kommen werde, gibt es einige Tricks, mit denen du zu deinem Traumdekolleté kommst.

Wer optisch Umfang zaubern möchte, denkt vielleicht als Erstes an einen großen Ausschnitt. Aber, meine Liebe, auf die Passform kommt es an! Ein großer V-Ausschnitt kann bei einem schlecht sitzenden Oberteil auch das Gegenteil bewirken. Sitzt das Shirt körpernah, wirkt auch der Busen größer. Ich schwöre auf Rippshirts. Die bringen nicht nur die Oberweite zum Vorschein, sie verzeihen an den richtigen Stellen so einiges und zaubern eine richtig tolle Form. Aber aufgepasst: Zu viel Oberweite kann auch ganz schnell mal auftragen!

Wer optisch oben weniger möchte, der greift häufig zu hochgeschlossenen Tops. Das ist grundsätzlich eine gute Idee, kann aber auch schon mal das Gegenteil bewirken. Eine weitere raffinierte Strategie ist die der Ablenkung: Setz den Fokus auf andere Körperstellen – auf die Hüften, die Arme oder die Beine. Ein schlichtes Oberteil kombinierst du mit ausgefallenen Stücken, einer bunten Hose, einem auffälligen Gürtel, einer aufregenden Jacke oder extravaganten Schuhen. Auch hier gilt: Sieh es im Zusammenhang. Wenn du die Hüfte oder die Schultern betonst, kannst du die Relationen gut ausgleichen.

Hallo, *Taille!*
Lange nicht gesehen ...

Der Inbegriff einer weiblichen Figur ist die Taille. Und wir alle haben eine. Das glaubst du nicht? Doch, auch du, selbst wenn du jetzt mit dem Kopf schüttelst. Ich weiß, dass viele kurvige Frauen ihre Taille lange nicht gesehen haben, sie nicht wahrnehmen und verstecken. Meistens nicht einmal bewusst. Oft wird diese tolle Körperregion mit wallenden Lagen verhüllt. Frauen mit einem großen Po und starken Beinen wollen diese bedecken und so fällt eben auch die Taille zum Opfer.

Ich möchte dich gerne davon überzeugen, wie wichtig die Taille ist, und dass sie es wirklich wert ist sie neu lieben zu lernen. Das ist kein einfacher Weg – von der verhüllten Skulptur zur befreiten Körpermitte. Das kann ich gut nachvollziehen. Als ich mich noch nicht so viel mit Mode beschäftigt habe, ging es mir ja nicht anders. Aber genau hier zeigt sich unser wunderbar weiblicher Körper. Hier runden sich die schönsten Kurven, an dieser Stelle kann ich Akzente setzen. Daher hat die Taille es verdient, Aufmerksamkeit zu bekommen. Trau dich einfach! Gute Unterwäsche ist dabei ein Muss!

Wenn deine Dessous perfekt sitzen, dann kann eine Taille durch verschiedenste Hilfsmittel zum Vorschein gebracht werden. Wer einen Bauch hat, der fühlt sich oft in tailliert geschnittenen Tuniken oder Pullover mit Schößchen wohler als mit einem Taillengürtel. Übrigens hilft eine hochgeschnittene Hose dabei, den Bauch in seine Schranken zu weisen, und sorgt für eine tolle Silhouette. Wem das kleine Bäuchlein sympathisch ist, der darf auch gern die Bluse in die hochgeschnittene Hose stecken, um die Taille zu zeigen. Hierzu ein Tipp: Wer noch unsicher ist, der wählt die entschärftere Variante und steckt das Oberteil vorne rein und lässt es hinten locker raushängen. Probier es aus, du wirst sehen, was eine sichtbare Taille bewirkt.

Und: Sei milde mit dir. Es wird sich ungewohnt anfühlen. Was so lange versteckt war, braucht eine Zeit. Aber dann wirst du deine Taille lieben!

Zeig *mir deinen* Po

Er ist gerade megaangesagt: der runde Po! Ich liebe es, meinen Po zu zeigen. Aber unter uns, das war nicht immer so! Auch mir wurde früher gesagt, ich solle mein voluminöses Hinterteil lieber kaschieren. Durch meinen Job habe ich dann die Erfahrung gemacht, dass ein großer Po alles andere als unattraktiv aussieht. Ich verpacke meinen gern in einer knackigen Jeans. Hier achte ich darauf, dass die Gesäßtaschen nicht zu weit auseinander aufgesetzt sind, denn dadurch würde der Po eher platt und breit aussehen.

Ich bin obendrein auch eher ein Hüft- und Schenkelmädchen. Das bedeutet, ich fühle mich in knackig sitzenden Hosen mit hohem Bund sehr wohl. Sie zaubern eine tolle ebenmäßige Silhouette, ohne dass die gefürchteten »Muffin Tops« entstehen – ihr wisst schon, diese gemeinen Röllchen, die sich gern oberhalb vom Hüfthosenbund bilden und unseren Umriss in einen übergelaufenen Muffin verwandeln. Daher mein Tipp an jede Einzelne von euch: Finger weg von Hüfthosen! Auf Hüfte sitzen bei mir wirklich nur locker-lässige Stoffhosen im Joggingstyle.

In meinem Schrank findest du neben engen Hosen auch Boyfriend-Jeans, obwohl die laut Stilbibel ebenfalls nicht an kurvige Körper gehören. Ich bin auch hier gegenteiliger Meinung. Natürlich kommt es im Einzelnen auf den Schnitt an, aber grundsätzlich liebe ich diese coolen Hosen sehr! Die kombiniere ich dann gerne mit einem engeren Oberteil, das meine Taille stärker betont und meine Oberweite etwas aufmotzt (du merkst, du kannst dir deinen Style nach Bedarf wie ein Puzzle zusammensetzen) – alles eine Sache der Kombination.

Eine **Frage der** *Optik*

Von langen Beinen träumen alle Frauen. Mit ein paar Tricks lassen auch sie sich optisch verlängern. Prinzipiell kannst du alles anziehen, was dir gefällt, solange es nur gut geschnitten ist. Hier spielt vor allem die Länge oder Kürze eine wichtige Rolle: Egal ob Hose oder Rock, bitte nimm Abstand von Modellen, die auf oder ganz kurz unter dem Knie enden. Nur den wenigsten Frauen steht diese Länge wirklich. Beim großen Rest macht sie die Beine eher kürzer und schafft eine unvorteilhafte Form. Als Faustregel nehme ich gern meine Hand: Etwa eine Handbreit oberhalb oder unterhalb des Knies ist optimal, natürlich gern auch länger.

Wer wie ich kräftigere Schenkel hat und diese auch gern zeigt, wählt knackige Jeans oder Bleistiftröcke mit einem guten festen Stoff. Wenn du eine große Oberweite ausgleichen willst, dann nimm einen weit geschnittenen Rock oder eine lässig gestylte Hose. Hosen im Allgemeinen kannst du unten leicht krempeln (Achtung: lieber lässig und unregelmäßig hochrollen als akkurat falten), um Knöchel zu zeigen. Doch krempel sie nicht zu hoch, sonst wird das Bein optisch verkürzt.

Sie tragen *uns* *durchs* Leben

Kommen wir nun zu den Schuhen. Auch hier gehen die Vorlieben natürlich auseinander. Ich trage sehr gern Schuhe mit Absatz. Das ist kein Geheimnis, sie machen einen tollen Fuß und strecken unsere Figur. Aber oft sind hohe Schuhe leider unpraktisch, etwa wenn ich bei der Arbeit lange stehe, schnell laufen muss oder auf gemeinen Böden gehe wie zum Beispiel übers Kopfsteinpflaster meiner Heimatstadt Neumünster.

Also, her mit den flachen, bequemen Modellen! Stell dich damit vor den Spiegel: Wichtig ist, dass du nicht den Eindruck hast, du versinkst optisch im Schuh. Leider passiert es auch mir oft, dass meine schöne Fessel plötzlich wie abgebissen wirkt und ich Plattfüße habe. Mein Trick: Keileinlagen, mit denen ich etwas höher stehe.

Finger weg von Ballerinas! Es gibt natürlich auch Ausnahmen, aber meistens sehen Ballerinas einfach nur fies aus. Oft machen sie den Fuß zu einem kleinen, breiten Entenfuß. Dieses Schuhmodell geht nur gut mit einem kleinen

Absatz für eine bessere Körperhaltung und einem nicht zu weiten Ausschnitt, sodass das »Fußdekolleté« nicht zu groß wird. Im Allgemeinen gilt bei den

Füßen das Gleiche wie beim Kopf: Sie sollten nicht zu klein aussehen. Achte also darauf, dass in deinen Schuhen die Füße in Relation zu deinem Körper optisch angemessen erscheinen.

So vieles ist möglich! Probier aus, werde mutiger, trau dich was! Brich mit Konventionen. Greife auch zu Modellen und Schnitten, die du so erst einmal gar nicht an dir gesehen hättest. Nimm eine Freundin mit und lass dich von ihr beraten. Oft kommen dabei tolle Ergebnisse raus, auf die man allein nie gekommen wäre – bei unserem eigenen Stil werden wir gern betriebsblind. Und bitte, bitte, bitte: Verhülle dich nicht! Ich möchte keine schwarzen Walla-Walla-Klamotten mehr sehen! Diese Zeltmode trägt eher auf, als dass sie deiner Figur schmeichelt. Du hast Vorzüge, die du gern zeigen darfst. Hab Spaß an der Mode!

»Free *your* legs!
Leggins *sind wirklich*
keine Lösung!«

Zur Sache, *Mädels!*

Wir haben Kurven, weil wir Frauen sind. Unsere tollen Kurven, ob sie größer oder kleiner ausfallen, wollen hübsch verpackt sein. Das raffinierteste Kleid, die schickste Bluse und die knackigste Jeans sehen aber nur halb so gut aus, wenn das »Darunter« nicht stimmt. Wenn du mich fragst, dann gibt es nichts Wichtigeres als die passende Unterwäsche. Sie unterstützt an den wichtigen Stellen, sorgt für eine tolle Körperhaltung – und mal unter uns: Wir alle kennen das aufregende Gefühl zu wissen, welche schicke Kombi wir drunter tragen. Für mich ist schöne Unterwäsche ein Geschenk an mich selbst. Ich gönne mir feine Spitze, wunderschöne Farben und liebevolle Details. Sitzt die Wäsche perfekt, dann spüre ich sie nicht mal, fühle mich aber trotzdem sicher mit meinem unsichtbaren Accessoire.

So, und jetzt mal Hand aufs Herz, Ladys: Wer von euch weiß, welche BH-Größe sie wirklich trägt? Mein Tipp: Nimm dir die Zeit und lass dich in einem echten Fachgeschäft richtig ausmessen und beraten. Glaub mir, das Leben ist so viel schöner mit dem richtigen BH! Meine Mutter hatte früher einen Dessousladen, in dem ich regelmäßig gearbeitet habe. Ich habe mir über die Jahre ein gutes Wissen über Unterwäsche angeeignet, und dieses Know-how werde ich jetzt mit dir teilen. Lass dich informieren und vor allem inspirieren.

Der perfekte **BH**

Jede von uns ist anders. So, wie die eine Schokolade mag und die nächste lieber Gummibärchen, so unterschiedlich sind auch unsere Geschmäcker in Bezug auf Unterwäsche: Die eine bevorzugt BHs mit Bügeln, die andere ohne. Bei schönen üppigen Kurven ist es wichtig, dass der Halt stimmt. Bügel im BH lehnen viele ab, weil sie angeblich drücken. Ich sage bewusst »angeblich«, denn ich habe die Erfahrung gemacht, dass ein gut sitzender Bügel-BH nicht drückt. Aber was braucht nun ein BH, damit er gut sitzt?

1. Der Halt kommt aus dem Rücken. Zu oft habe ich Frauen gesehen, die einen viel zu weiten BH anhatten. Ladys, der BH muss fest am Rücken sitzen, damit er gut stützen kann! Es soll nicht unbequem sein, aber du solltest schon ein sicheres Gefühl haben. Wenn er ein bisschen einschneidet, dann sieh drüber weg – das tut er bei mir auch! Und wenn ich meine kleinen Röllchen am Rücken lieben kann, dann kannst du das auch! Ich erkläre dir, warum das so wichtig ist: Die Körbchen werden von Trägern gehalten, um die richtige Stabilität zu geben. Die Träger wiederum können die Körbchen nur oben halten, weil sie ebenfalls an etwas befestigt sind – und zwar nicht an deinen Schultern, nein, an dem berühmten Rückenteil. Das heißt also, hier fängt alles an. Hast du den perfekten Umfang erst einmal bestimmt, sollte der BH so sitzen, dass du ihn am Rücken im mittleren Haken einhaken und noch bequem zwei Finger darunterstecken kannst. Aber nicht mehr! So bekommst du den perfekten Halt.

2. Nun zu den Körbchen: Diese sollten unbedingt gut einpacken. Wer gern etwas zeigen möchte, kann etwas wagen. Egal, welche Form du magst, du solltest immer beachten, dass möglichst nichts Falten wirft oder einschneidet und du plötzlich zwei Paar Brüste hast!

3. Die Träger kannst du auch frei wählen. Ab einer gewissen Größe ist es allerdings komfortabler, breitere Träger zu haben. Du willst auch mal die Träger weglassen? Dann achte unbedingt

darauf, dass der BH insgesamt sehr stabil gebaut ist, also einen breiten Rücken hat und die Cups auch extra unterfüttert sind, damit du den nötigen Halt hast.

4. Und Mädels: Gerade wir mit den größeren Oberweiten brauchen richtig gute BHs! Also kauf dir lieber zwei hochwertige Teile als viele billige, die schlecht sitzen.

Höschen, *Schlüpfer*

Mir gefällt es sehr, wenn das Höschen zum BH passt. Außerdem sollte die Form gut mit deinem Körper harmonieren. Sei da bitte ehrlich zu dir selbst – es ist sinnlos, wenn du ein Höschen kaufst, das nicht passt, beim Tragen zwickt oder sogar unter der Kleidung sichtbar ist. Achte auch nicht auf die Größe, die auf dem Etikett steht, sondern schau, wie die Wäsche sitzt. Ich nehme lieber eine Größe größer, als dass ich die Hose später nie mehr aus dem Schrank hole!

Shape *me, Baby!*

Das ist wirklich mal eine göttliche Erfindung: Ich liebe Shapewear! Du hast noch nie davon gehört oder bisher einen großen Bogen um diese Teile gemacht? Okay, auf den ersten Blick wirken sie schon wie einst Omas Miederhöschen, aber eigentlich sind es Zauberwaffen. Shape heißt »in Form«. Daher sollen diese besonderen Funktionskleidungsstücke an bestimmten Stellen für die schöne Form sorgen. Es gibt sie für den Po, mit längeren oder kürzeren Beinteilen – oder auch, um das Bäuchlein ein bisschen zu zähmen. Bei wichtigen Anlässen dürfen bei mir die Figurenspanner jedenfalls nicht fehlen. Egal, ob ich sie brauche oder nicht, sie geben mir ein gutes und sicheres Gefühl. Nebenbei sorgen sie für eine tolle Haltung. Lass dich nicht von den Vorurteilen abschrecken, dass diese Lebensretter hässlich aussehen. Heute gibt es schon viele schöne Modelle in allen möglichen Formen und Farben.

Achtung, **Panne –** **Humor** *hilft!*

Bestimmt hast du auch schon peinliche Situationen erlebt, bei denen du am liebsten im Erdboden versunken wärest. Wir kennen alle die Situation in der Umkleidekabine, wenn etwas nicht passt und wir verzweifelt vor dem Spiegel stehen und uns fragen: »Liegt es an mir?« Grauenvoll, wenn dann noch die Verkäuferin unangekündigt den Kopf durch den Vorhang steckt und unsere Frage mit ihrem kritischen Blick untermauert. Genau diese Momente schrecken sicherlich viele von euch ab, sich einfach mal die Zeit zu nehmen, um die perfekte Wäsche zu finden.

Glaube mir, auch ich habe viele solche Situationen erlebt. Ich bin glücklicherweise mit viel Humor ausgestattet und ein herzliches Lachen hat mir oft in genau diesen Momenten geholfen. Daher jetzt eine kleine Anekdote aus meinem Leben als Dessousmodel. Ich möchte dir erzählen, was mir passiert ist, in der Hoffnung, dass du das nächste Mal in dieser Situation einfach schmunzelst und dir die richtige Größe geben lässt.

Ich hatte mal einen Job für einen großen Wäschekunden aus Frankreich. Für diese Firma hatte ich schon einige Male gearbeitet. Heißt, wir kannten uns. Nun ging es um eine richtig große Kampagne, auf die ich mich richtig gefreut habe. Zunächst war alles wie gewohnt. Ich kam im Studio an, großes Hallo und dann erst einmal die üblichen Vorbereitungen.

Auf einem Kleiderständer konnte ich die vielen zarten Teile aus Spitze schon aus der Ferne bewundern. Ein Traum! Ich wurde von einem tollen Make-up-Artist hübsch gemacht und sollte nun die Musterteile für das Shooting anziehen. Ich ging in die Kabine und die Stylistin gab mir den BH in zwei unterschiedlichen Größen. Sie waren beide viel zu groß. Na gut, kann ja mal passieren. Auf dem Foto sollen die Sachen ja auch nur gut aussehen und müssen keine weitere Funktion erfüllen. Ich nahm also den kleineren von beiden, der immer noch zwei Größen zu groß war, und wartete auf das Höschen. Tja, und was soll ich sagen? Die Stylistin gab mir ein Höschen in der französischen Größe 36, die umgerechnet in Deutschland eine 34 wäre. Ich trage aber die Größe 42/44. Autsch! Erst dachte ich an einen großen Irrtum, falsch gegriffen oder so. Aber weit gefehlt, denn es gab nur diese XS-Variante. Ich wünschte, du könntest heute noch mein Gesicht sehen, das ich damals gemacht habe. Schnappatmung, innere Ohnmacht, stiller Kreischanfall. Aber es half alles nicht. Es gab einfach kein anderes Muster, also musste ich mich in diesen Mini-Traum aus Spitze quetschen. Es klappte, aber es sah genauso fies aus, wie es sich anfühlte! An dieser Stelle musste ich mir nochmals klarmachen, dass der Kunde mich schon oft gebucht hatte und meine Maße kannte, denn ich fing langsam, aber sicher an, an mir selbst zu zweifeln. Diese Minuten in der Umkleidekabine waren sicherlich die längsten in meinem Leben.

Tja, ihr ahnt es vielleicht: Ich musste mich schließlich zeigen. Es half alles nichts. Die Stylistin fiel natürlich aus allen Wolken, rannte los und kam mit fünf weiteren Leuten zurück. Styling-Assistent, Fotograf, Fotoassistent, Artdirektor und Kunde standen vor mir und schlugen die Hände über dem Kopf zusammen: »Mon dieu! Das sieht aber schlimm aus!« Meine Gedanken dazu: »Ja, Leute, und es tut obendrein auch noch weh!«

Aber was sollten wir machen? Das Motiv musste geshootet werden. Kurzerhand nahm die Stylistin ihre Schere und schnitt das Musterhöschen auf. Die Zipfel des Höschens an meiner Unterhose befestigt und den BH im Rücken verknotet, tapste ich zum Fotoset – vorbei an anderen Models, am Kunden und allen Menschen, die am Set arbeiteten. Und nun sollte ich mich umdrehen und ungeachtet dessen, dass gerade alle meine Rückseite in Rollbratenoptik gesehen hatten, möglichst sexy und selbstbewusst posen.

Was habe ich gemacht? Ich lachte einmal laut los und begann dann mit dem Posing. Und mit meiner Fröhlichkeit erlöste ich auch die anderen Zuschauer von ihren sorgenvollen Mienen – und die Mundwinkel gingen im ganzen Raum nach oben. Letztendlich sind superschöne Fotos entstanden, auf denen man überhaupt nichts bemerkt. Die Moral von der Geschichte: Wenn wir uns selbst nicht zu ernst nehmen, ist das Leben viel schöner – erst recht, wenn die Wäsche auch noch passt!

Der **Kleiderschrank-***Check*

Mädels, nun schlägt die Stunde der Wahrheit. Lass uns mal gemeinsam den Kleiderschrank durchforsten und ein bisschen Grund reinbringen. Eine kleine Wette: Ich habe noch nie einen Frauen-Kleiderschrank gesehen, der zu wenig Kleidung enthält! Ganz im Gegenteil, die meisten platzen fast aus allen Nähten. Meinen kann ich getrost ebenfalls hier einreihen. Selbst die Frauen mit den tollen begehbaren Schränken, also durchaus Ordnungsfrauen, die alles nach Farben und Themen sortiert haben, brauchen immer noch mehr Platz. Ich wette, bei dir ist das nicht anders, oder? Warum eigentlich? Weil wir uns nicht trennen können! In jedem Kleiderschrank hängen Teile, die mal gepasst haben, die mal passen sollen, Lieblingsteile, die längst zu klein sind, Fehlkäufe. Wir könnten daraus auch eine eigene Rubrik aufmachen: Klamotten-Leichen.

Das darf sich jetzt ändern. Leg schöne Musik auf. Vielleicht lädst du sogar eine Freundin ein und servierst Prosecco. Fang einfach an! Lass los! Nimm dir drei große Taschen: In eine kommen die Sachen, die wirklich langsam in die Altkleidersammlung oder zu einer Wohltätigkeitsorganisation gehören. In den zweiten Beutel kommen Teile, die für andere noch großartig sind, aber leider nicht mehr für dich. Verschenke oder verkaufe sie. Glaube mir, man braucht nicht 20 alte T-Shirts, einzelne Strümpfe oder olle Schlüpper mit ausgedehntem Bündchen – dafür ist Beutel drei gedacht: Dinge, die nicht gerettet gehören. Man muss auch nicht immer den Zyklus abwarten, bis Teile endlich wieder modisch werden. Und nein, du wirst es auch in diesem Jahr nicht schaffen, in diese Lederimitat-Leggins reinzuschrumpfen, die seit drei Jahren zu klein im Schrank hängt. Du willst sie unbedingt? Dann kaufe sie in deiner Größe, aber nichts mehr auf Zuwachs!

Kauf nicht so viel. Übertrage die steigende Selbstliebe auf dein Kaufverhalten. Du bist viel wert! Kaufe nicht den 19. Pulli, der eh kratzt. Kaufe lieber nur einen wunderbar flauschigen. Vielleicht kostet er mehr, aber er wird dir auch länger Freude machen. Lege dir gute, wertige Basics zu, die du dann mit modischen Teilen anreicherst. Je älter du bist, umso wertiger kleide dich auch. Sprich: Irgendwelche Billigfummel sind nicht nur schlecht für die Umwelt, sie tun auch nichts Gutes für dich. Du hast viele schwarze Walla-Walla-Teile? Du weißt, was ich davon halte. Ja, sehr gern sollst du das berühmte »große Schwarze« im Schrank haben – nichts ist grundsätzlich gegen schwarze Kleidung einzuwenden. Aber schwarze Zelte sollten wirklich deiner Vergangenheit angehören. Bring zusätzlich bitte Farbe in dein Leben!

Bitte nicht!

Mädels, ich bin sehr tolerant und erlaubt ist vieles, was gefällt, aber ich fasse gern noch einmal die Dos and Don'ts zusammen:

Viele Frauen lieben Hüfthosen. Ich finde sie nur furchtbar, denn sie produzieren selbst bei schmalen Damen die gefürchteten »Muffin Tops«: Die verkürzten Hosenbünde müssen ja irgendwie halten, also sind sie so eng geschnitten, dass sie jeden Bauchspeck, egal ob viel oder wenig, über den Bund hinausquellen lassen – wie bei einem zu vollen Muffin eben. Viel Muffin ist lecker, quellender Speck sieht nie gut aus! Was an diesen unsäglichen Hosen mindestens genauso schlimm ist: dass ich oft auf Poritzen schauen muss, die ich nicht sehen möchte. Geht die Trägerin in die Hocke oder bückt sich, dann offenbaren sich Dinge, die sich nicht in meinem Kopf festsetzen sollen.

Meine zweite erklärte Abneigung gilt den Leggins. Diese Schlauchteile kannst du einem kleinen Mädchen anziehen, aber doch nicht einer erwachsenen Frau: ein No-Go! Daher mein Slogan: »Free your legs – Leggins sind keine Lösung!« Lass beim Klamottenkauf auch bitte deine rosarote Brille zu Hause. Kauf nichts auf Zuwachs, weil es das Teil vielleicht nicht in deiner Größe gibt. Wenn das so ist, dann ist das so. Es gibt genügend Kleidungsstücke, die passen werden. Kleider, die zu eng oder viel zu groß sind, sehen einfach blöd aus. Sie tun gar nichts für dich! Und jepp, vergiss die Größen! Wir wissen es alle: In einem Laden fällt die Größe so aus, im nächsten zwei Nummern größer oder kleiner. Ist so. Lass dich nicht kirre machen, kauf einfach, was passt, und vergiss die Zahlen auf dem Etikett!

Wozu ich aber unbedingt aufrufen möchte: Vergiss alte Regeln wie »Kurvige Frauen tragen dies oder das nicht«. Da darfst du gern deine eigenen Spielregeln aufstellen. Näh selbst, es gibt so tolle Stoffe und Modelle. Suche dir eine tolle Schneiderin. Das ist nicht immer so teuer, wie du denkst. Manchmal sitzen Teile einfach besser, wenn sie gekürzt, abgenäht, passend gemacht werden. Die Änderungsschneiderin sollte deine beste Freundin werden.

FÜHL DICH WOHL!

Wenn ich mir morgens das Outfit für den Tag raussuche, stelle ich mir immer zwei Fragen:

1. Was habe ich vor?
2. Welche Kleidung passt zu meiner aktuellen Stimmung?

Das Wichtigste für meinen Alltagslook ist zudem, dass er praktikabel und bequem sein muss. Je nachdem, was an diesem Tag ansteht, wähle ich mein Outfit. Also erst mal den Kalender befragen und nachschauen, ob chillen, arbeiten, spazieren gehen, Sport oder Möbel schleppen draufsteht. Dementsprechend fällt die Wahl dann aus. Da ich beruflich viel unterwegs bin, greife ich an solchen Reisetagen meist zu Hosen. Am liebsten trage ich eine tolle Jeans, die richtig sitzt, und dazu ein Oberteil, in dem ich mich gut bewegen kann. Habe ich einen Modeljob, achte ich darauf, dass die Kleidung keine Abdrücke auf meiner Haut hinterlässt. Hier kommt also eher die lässige Joggpant zum Einsatz.

Es gibt noch einen weiteren wichtigen Punkt bei meiner Wahl: Egal, was ich vorhabe, ich möchte jeden Tag mit einem Hauch Glanz versehen. Wenigstens ein Teil, das ich trage, hat eine Besonderheit. Das kann eine knallige Farbe sein, ein ausgefallenes Muster, Applikationen oder Volants.

Warum mir das überhaupt so wichtig ist? Das hat etwas mit Wertschätzung und Selbstliebe zu tun. Denn egal, wie mein Tag aussieht, ich möchte mich an dem, was ich trage, erfreuen – und mir auf diese Weise etwas Gutes tun. Und es macht mir richtig gute Laune, dieses besondere Etwas herauszusuchen. Unterschätzt nicht die Wirkung eurer Kleidung auf euch selbst, denn sie kann eure Stimmung zum Positiven wandeln.

DER BESONDERE TERMIN

Es gibt so Anlässe, die die Nerven zum Flattern bringen, den Bauch zum Grummeln, aber auch Schmetterlinge dort fliegen lassen. Stichwort: Das erste Date! Meistens steigt die Aufregung dann auch noch in den Kopf. Textilverwirrtheit ist die Folge. So steht Frau vor dem vollen Kleiderschrank und findet nichts, aber rein gar nichts, was passen könnte und dem Anlass gerecht werden würde. Was nun?

Ich setze auch hier auf die Inspiration durch das Vorhaben: Gehen wir etwa nett essen oder steht ein Besuch im Kino an? Außerdem ist natürlich die eigene Tagesform ganz wichtig. Was ich ebenfalls sehr gern als ersten Anhaltspunkt nehme, ist eine Farbe – hier die der Liebe: Rot. Ladys, mit dieser Farbe können wir nichts falsch machen! Sie signalisiert Selbstbewusstsein, steht jeder Frau und sorgt dazu noch für den ersten Eyecatcher. Ein Rock oder eine Hose in Rot sagt viel aus, dazu ein klassisches Oberteil, und der Abend kann beginnen… Nachdem die Farbe für sich spricht, darf das Teil selber ruhig schlicht sein. Das heißt, wenn ihr nicht gerade in die Oper oder auf eine Gala geht, haltet euch mit dem Aufrüschen ein wenig zurück. Wir wollen unseren Datepartner ja nicht einschüchtern. Jetzt noch den passenden roten Lippenstift – und dann auf zum Flirten.

Oberstes Ziel bei der Wahl des Outfits: Ihr müsst euch absolut wohlfühlen! In meinem Datelook auf dem Bild habe ich übrigens alle Dinge miteinander kombiniert, von denen kurvigen Frauen unbedingt abgeraten wird: Minirock, Overknees und auch noch Querstreifen. I like und Komplimente gab es dafür!

DER GROSSE AUFTRITT

Ach, wie ich es liebe, mich mal richtig aufzubrezeln, alles rauszuholen, was nach Glanz und Gloria schreit, und mich in ein aufregendes Galaoutfit zu schmeißen! Ich lasse mir beim Stylen eines glanzvollen schicken Outfits gern Zeit, probiere verschiedene Möglichkeiten aus, bis mir selbst beim Blick in den Spiegel die Spucke wegbleibt. Daher mein wichtigster Tipp für euch: Fangt rechtzeitig mit der Planung und dem Aussuchen an! Dann können nicht passende Teile auch noch zur Schneiderin. Wir haben so wenig Anlässe, uns wirklich schick zu machen, da sollten wir jede Sekunde genießen.

Wichtig für mich ist, dass alles gut miteinander harmoniert. Die Schuhe passend zum Kleid. Und nicht vergessen: Neue Schuhe vorher ausreichend einlaufen! Es wäre doch zu schade, wenn das Vergnügen wegen schmerzender Füße nur noch sitzend genossen werden kann. Falls es eine lange Nacht wird mit viel Tanz, habe ich manchmal ein zweites bequemes Paar Schuhe – natürlich passend zum Outfit – dabei. Soll es glitzern, dann bitte im selben Farbton.

Die Frisur darf das Outfit perfekt ergänzen, genau wie der Schmuck. Vielleicht schminkt ihr euch selber oder eine Freundin hat geschickte Hände. Sonst lieber einen Termin bei den Profis für Haare und Make-up buchen. Auch hier wieder die Zeit im Blick behalten, denn vor großen Bällen sind die Terminkalender immer voll.

Die Krönung des Gesamtoutfits ist schließlich das Bling-Bling, sprich der Schmuck. Der braucht seinen gezielten Einsatz. Hierbei ist es wichtig, dass ihr euer Kleidungsstück genau anseht. Tragt ihr – so wie ich auf dem Bild – ein hochgeschlossenes Oberteil, dann braucht es keine Kette, sondern lieber ein paar aufregende Ohrringe. Ein Schmuckstück, auf das ich gern verzichte, ist die Armbanduhr. An diesem besonderen Abend möchte ich keinesfalls auf meine Uhr schauen und mich fragen, wann er vorbei ist.

»ICH FASSE ZUSAMMEN«

In diesem Kapitel haben wir mit allen Modesünden und Vorurteilen aufgeräumt. Bei der Gelegenheit haben wir uns auch deinen Kleiderschrank vorgenommen. Super, der müsste jetzt fit für deinen neuen Style sein!

- Vergiss all die »Verbote« für kurvige Frauen.
- Mach den großen Kleiderschrank-Check.

- Trenn dich von Kaufsünden und schlecht sitzenden Teilen.
- Finger weg von den Zipfeln und Leggins!
- Kauf dir richtig gute Wäsche.
- Der richtige BH ist fast die ganze Miete.
- Hab Spaß an der Mode und trau dich ruhig was.

Selbstbewusstsein ist das schönste Accessoire.

»Ich *möchte* nicht *ein* Stück Torte *essen und* mich *dabei* schuldig *fühlen!«*

ROCK YOUR BEAUTY!

Magst du dich ungeschminkt? Zeigst du dein wahres Gesicht? Viele Frauen finden sich ohne Make-up nicht schön. Darüber schreibe ich in diesem Kapitel, auch darüber, was wahre Schönheit ausmacht. Ich trage nicht immer Make-up und lasse mich sogar mal ungeschminkt fotografieren. Aber ich mag genauso gern das Spiel mit den Farben und der Veränderung. Damit kann ich viele Gesichter zeigen, meine Stimmung und Lebensfreude ausdrücken. Hier habe ich für dich einige Looks vorbereitet und verrate dir meine Tricks.

Schönheit *kommt durch* Lebensfreude

Ein beliebter Satz, den ich nur teilweise unterschreiben würde: »Schönheit liegt im Auge des Betrachters.« Was ist wahre Schönheit? Wer bestimmt, was schön ist? Und woher kommt wahre Schönheit? Was macht schön? Ich sage es euch: Wahre Schönheit kommt von innen. Denn dazu gehört mehr als nur die äußere Hülle! Schönheit ist das Gesamtpaket aus Charakter, Lebensfreude, Gefühlen und vor allem Selbstliebe! Wenn du mit dir im Einklang bist, dann strahlst du das förmlich nach außen, und das macht schön!

Dazu habe ich ein passendes Beispiel. Ich habe schon erwähnt, dass ich im Urlaub in Rom in einem Eiscafé entdeckt wurde. Diese Situation möchte ich dir kurz schildern: Ich erlebte einen fantastischen Tag in Rom mit dem typischen Touristenprogramm – Führung durchs Kolosseum, Stadtrundfahrt, und natürlich sind wir auch die Spanische Treppe rauf- und runtergelaufen. Um auszuruhen, machten wir eine Pause. Da saß ich nun verschwitzt, die Haare etwas strähnig, der Mascara auf »halb acht«, alles in allem nicht mehr wirklich frisch. Aber ich war so glücklich über den schönen Tag und meinen tollen Eisbecher. Zwei Tische weiter saß ein offensichtlich schwules Pärchen, das sich über etwas amüsierte. Ich musste mit ihnen lachen. Sie rückten näher ran, dann kam einer auf mich zu und sprach mich direkt an: »Hey, ich habe gehört, dass du aus Deutschland bist. Darf ich mal was sagen? Ich muss dir einfach sagen, dass ich dich bildschön finde!« Oh, das ging natürlich runter wie Honig, auch wenn es mich ein bisschen verlegen machte. Er schob auch gleich hinterher: »Ich darf das sagen, ich bin schwul!« Wir lachten alle wieder und ich war doch sehr bewegt, weil ich mich in dem Moment ja nicht gerade wunderschön fand mit meinen Spaghettihaaren und dem verwischten Mascara. »Wo kommst du denn her?«, fragte er weiter und war hocherfreut, als er hörte, dass ich in der Nähe von Hamburg wohnte. »Das passt ja großartig, denn ich habe dort

eine Modelagentur und ich wollte dich fragen, ob du nicht für mich arbeiten möchtest? Wir sind ganz seriös, hier ist meine Karte. Ich würde mich sehr freuen, wenn das klappt!« Er machte einen ganz sympathischen Eindruck, aber natürlich dachte ich gleich, dass ich wohl erst einmal dafür abnehmen müsste, wie das ja sonst üblich ist. Nun musst du wissen, dass ich damals 22 Jahre alt war und es noch nicht wirklich viele kurvige Models gab. Wir tauschten zwar unsere Adressen aus, aber eigentlich hakte ich das Ganze sofort innerlich als lustige Episode ab.

Zurück in Hamburg hatte ich es fast schon vergessen, denn ich wusste nicht, dass es Curvy-Models gab. Instagram und Co. hatten zu der Zeit auch noch keine große Bedeutung. Ich war jedenfalls davon überzeugt, dass der Mann mich nur nehmen würde, wenn ich Pfunde loswerden würde. Das dachte ich auch, als er mich noch mal anschrieb und ich einen Blick auf seine Agenturwebseite warf. Es war eine tolle Agentur mit sehr erfolgreichen Models – das beeindruckte mich durchaus. Trotzdem wimmelte ich zunächst freundlich-diplomatisch alle Anfragen per Mail ab und konzentrierte mich auf mein Studium. Aber sie ließen nicht locker und blieben ein

halbes Jahr hartnäckig an mir dran. Irgendwann willigte ich dann doch ein, wenigstens einmal in der Agentur vorbeizuschauen. Der Agenturchef kam strahlend auf mich zu, dabei wollte ich eigentlich nur endgültig absagen. »Finally you are here!«, das waren seine Begrüßungsworte. Natürlich fiel er aus allen Wolken, als ich mit meiner Ablehnung rüberkam. »Warum denn nicht?«

Ich kann mich noch gut an meine flammende Rede erinnern: »Für mich ist Modeln nicht mein Traumberuf. Ich wollte das nie machen, weil es für mich bedeutet, dass ich mich verbiegen und verändern muss. Ich darf nicht sein, wie ich bin. Ich habe keine Lust, mir eine Schablone überstülpen zu lassen, nur um einen solchen Job zu machen. Mein Leben wird auch so geil werden, das weiß ich. Ich fühle mich so wohl, wie ich bin, und ich will nicht abnehmen!«

Doch was war seine Antwort? »Wer sagt denn, dass du abnehmen musst? Ich will dich genau so, wie du bist. So bist du perfekt! Ich will dich als Curvy-Model!« Da fiel mir erst mal die Kinnlade runter und ich hörte zum ersten Mal diesen Begriff. Er erzählte mir, dass dieser Markt stetig wachse und es immer mehr Kunden gebe. Ich blieb weiterhin ein wenig skeptisch und

dachte: Na, so viele Anfragen werden da wohl nicht kommen. Aber er versicherte mir noch einmal, dass ich ja gar kein Risiko eingehen müsste und es doch einfach mal probieren sollte. So nahm das Ganze seinen Lauf – ich wurde das erste Curvy-Model dieser Agentur. Anfangs kamen die Aufträge sehr zurückhaltend, denn ich hatte klargestellt, dass ich viel Zeit für mein Studium brauchte. Ich kann mich auch

noch an meinen ersten Job erinnern, ein Foto für eine Sporthose. Ich habe viele Dinge von meinen ersten Jobs als Erinnerung aufbewahrt. Dass ich mal so erfolgreich werde, hätte ich damals nicht im Traum gedacht.

Was ich dir damit sagen möchte? Dass das Glück oft ganz unvermutet um die Ecke kommt. Bei mir kam es, als ich glücklich einen Eisbecher in Rom genoss.

»*Wer* schön sein *will,* muss *an sich* glauben.«

Ich liebe *mich,*
wie ich bin

Auch bei mir gibt es durchaus mal Tage, an denen ich glücklich ungeschminkt durch die Welt gehe. Ich bin der Meinung, dass wir in unserer Natürlichkeit wunderschön sind. Gleichzeitig gefällt mir aber auch das Spiel mit den Farben und der Veränderung. Ich genieße die Möglichkeit, verschiedene Gesichter zu zeigen und dadurch meine Stimmung und Lebensfreude auszudrücken.

Make-up ist was Tolles, da bin ich typisch Mädchen! Es ist Geschmackssache, ob und wie viel Make-up man auflegt. Aber es sollte authentisch sein! Grundsätzlich gilt für mich die Faustregel: Make-up soll die Vorzüge des Gesichts unterstreichen, aber niemals künstlich wirken. Ich kenne viele Frauen, die keinesfalls ungeschminkt aus dem Haus gehen würden – das finde ich erstaunlich und sehr schade. Denn sie setzen sich selbst total unter Druck. Dabei schwingt auch mit, dass sie sich selbst nicht annehmen und bis zu einem gewissen Grad ihr Ich verleugnen. Natürlich möchten wir gern

Teile unseres Ichs im Gesicht optimieren. Aber wo ist die Grenze? Wenn ich mich selbst nicht ungeschminkt ertragen kann, was sagt mir das? Wenn ich mich nicht mal in romantischen Situationen entspannen kann, weil ich verbergen möchte, wie ich wirklich aussehe? Rein technisch sitzt man dann in der Zwickmühle, sobald man einen neuen Partner kennenlernt.

Und noch etwas bringt diese Selbstoptimierung mit sich: Immer mehr Mädchen und Frauen sehen so aus, als würden sie aus der gleichen Familie stammen. Sprich: Sie sehen alle gleich aus. Mir laufen nur noch die gleichen blonden Haarverlängerungen, unglaublich lange Wimpern, geschwollene Lippen – alle den gleichen Kussmund Richtung Handy – und maskenhaft geschminkte Gesichter über den Weg. Eine sich ähnelnde große Puppenschar. Schöne Puppen, aber eben alle wie aus einem Guss. Wo bleibt da die individuelle Schönheit? Wo bleiben die kleinen Makel, die ein Gesicht unverwechselbar, einzig-

artig und liebenswert machen? Es gibt viele erfolgreiche Models oder Stars, die gerade das Unperfekte nicht weg-

schminken und damit ihre Einzigartigkeit unterstreichen. Ich denke da zum Beispiel an Madonna, Georgia May

»*Dich gibt es* nur einmal *auf der* Welt. *Du bist* wertvoll!«

Jagger mit ihrer großen Zahnlücke und Cindy Crawford mit ihrem Muttermal über der Lippe. Kate Moss ist auch ein gutes Beispiel: Mit einer aufgepumpten Oberweite, aufgespritzten Lippen und anderen Korrekturen wäre sie niemals zu einem der weltweit erfolgreichsten Models geworden.

In der professionellen Modewelt hat sich mittlerweile durchgesetzt, dass Menschen nicht perfekt sein müssen, sondern ihre Individualität leben dürfen. Heute sehen wir auf den Laufstegen Frauen und Männer mit asymmetrischen Gesichtszügen, mit Hautkrankheiten wie Albinismus, mit dicken Augenbrauen oder körperlichen Einschränkungen. Wir sehen sie als Menschen und nicht als Puppen. Gerade hat sich Christina Aguilera für ein Magazin gänzlich ungeschminkt gezeigt. Man konnte sie nicht erkennen, kannten wir doch alle nur das perfekt geschminkte Retrogesicht. Nun zeigte sie sich den Fans mit ihrem zarten, unbekannten, aber wunderschönen Gesicht. Schon erstaunlich!

Und das wünsche ich dir auch: den Mut, dein Gesicht wieder ganz neu anzuschauen und lieben zu lernen. Ein gutes Make-up kann deine Vorzüge herausarbeiten, es unterstützt dich. Wichtig ist dabei aber die Dosis – je nach Anlass und Tageszeit.

Bring wieder mehr Abstufungen in dein Gesicht. Nicht immer gleich das große Gedeck auffahren – sonst bleibt dir ja nichts mehr für den großen Glamour-Aufritt. Ich sehe häufig junge Mädels mit einem Party-Make-up zur Schule fahren und frage mich: »Was tragen sie dann an besonderen Tagen?« Smokey Eyes gehören auf den Dancefloor, nicht ins Klassenzimmer. Na ja, je jünger man sich an die volle Palette gewöhnt, desto schwerer fällt es, sich selbst anzunehmen, sich mit seinem natürlichen Gesicht schön zu finden. Also, Mädels, traut euch auch mit einem Hauch weniger und habt Spaß an den verschiedenen Nuancen.

Bevor ich studierte und als Model entdeckt wurde, habe ich eine Ausbildung in einer großen Parfümerie gemacht. Das war mein persönliches Paradies, weil ich es liebe, mich mit schönen Dingen zu umgeben. Für mich ist diese ganze Beauty-Thematik absolut toll. Während meiner Ausbildung habe ich natürlich so einige Make-up-Trends erlebt und konnte sowohl an Kunden als auch an Kollegen die unterschiedlichsten »Masken« bestaunen.

Hier kommen meine persönlichen Tipps für dich, die jeden Typ unterstreichen, ohne an Bauernmalerei zu erinnern.

Leicht *und* frisch *am Tag*

Ich brauche an ganz normalen Tagen nicht sonderlich viel Make-up. Aber das, was ich mache, muss auch richtig sein. Durch meinen Beruf werde ich sehr viel geschminkt. Für Fernsehaufnahmen werden besondere Make-ups verwendet, darauf brennen dann die heißen Strahler. Das findet die Haut nicht immer witzig. Also heißt das, viel Liebe und Zeit in die Hautpflege zu investieren.

Ich bereite meine Haut vor, indem ich sie morgens reinige. Selbst wenn ich abends mein Reinigungsritual durchgeführt habe, wasche ich meine Haut morgens noch mal. Über Nacht regeneriert sich die Haut und bildet Schlackenstoffe, die morgens auf der Haut liegen. Wenn da dann zusätzlich Make-up draufkommt, rebelliert die Haut. Nach dem Waschen verwende ich gern eine leichte Foundation, die gleichzeitig eine Tagespflege enthält, oder eine getönte Tagescreme. Achtung bei der Farbauswahl! Viele Frauen wählen einen falschen Make-up-Ton. Es ist tatsächlich schwer, im künstlichen Licht eines Geschäfts die richtige Nuance zu finden. Oft liegt es aber auch einfach daran, dass die Foundation an der falschen Stelle getestet wird. Am besten kannst du den Farbton bestimmen, wenn du etwas von dem Produkt neben dem Kinn aufträgst. Die Farbe sollte genau deiner Hautfarbe entsprechen. Einige wählen gern einen Ton dunkler, weil sie etwas brauner sein wollen. Dann entsteht aber schnell dieser Maskeneffekt. Also bitte exakt den Ton deiner Haut wählen. Den sommerlichen Teint verleiht dir nachher ein Bronzing-Puder. Nach der Foundation gönne ich mir den optischen Frischekick mithilfe eines Concealers. Den verteile ich unter meinen Augen. Achte auch hier wieder auf den richtigen Farbton, sonst hast du schnell einen Skibrillenlook. Jetzt noch die Augenbrauen etwas optimieren. Optimieren heißt in diesem Fall aber nicht, Zensurbalken in das Gesicht zu malen, sondern Lücken und Unregelmäßigkeiten in der natürlichen Form auszubessern. Die Wimpern tusche ich etwas dramatischer mit einem tollen Mascara. Nun noch eine Lippenpflege oder einen dezenten Lippenstift drauf, und ab geht's.

Auch bei meinem Alltags-Make-up schaue ich sowohl auf meine Garderobe wie auch auf das Wetter. Im Winter darf es ein aufregender Lidschatten sein, im Sommer stehe ich auf frische Farben auf den Lippen. Dabei halte ich meinen Look aber immer so, dass ich ihn gegebenenfalls noch zu einem tollen Abendlook aufbauen kann. Dazu überlege ich mir dann erst mal, was ich wirklich stärker betonen will: die Lippen oder aber die Augen. Denn beides zusammen wirkt sehr schnell zu viel und wie angemalt.

Ausdrucksvolle Augen

Die Augen betone ich gern mit der Smokey-Eyes-Technik. Am Anfang habe ich ganz schön geflucht vor dem Spiegel, denn es wollte einfach nicht so cool aussehen, wie ich es mir vorstellte. Aber mit ein bisschen Übung klappte es dann doch.

Ich zeige dir meine Tricks: Zuerst bringe ich auf das Augenlid einen hellen Lidschattenton auf. Ich arbeite später mit dunkleren Farben, die das Auge optisch schließen können. Ein heller Ton bringt Frische und öffnet den Blick. Diesen Ton trage ich auch in der vordersten Ecke des Auges auf. Dieser Trick macht das Auge noch strahlender. Nun nehme ich den nächstdunkleren Ton und trage ihn großzügig in und oberhalb meiner Lidfalte auf. Achtung, nicht ganz bis zur Augenbraue. Dort bringe ich zum Schluss noch mal etwas von dem hellen Ton auf, um auch hier wieder den Blick mehr zu öffnen. Den dunkelsten Farbton trage ich dann schließlich in der Lidfalte auf.

Mein Trick, um Schlupflider zu kaschieren: den dunkelsten Ton bei halb geöffneten Augen auftragen. Wenn du dein Auge geöffnet hast, kannst du einfach eine Lidfalte dorthin malen, wo sie sein sollte, und zauberst dir so ein kleines optisches Lifting. Nun schaffe ich einen weichen Übergang mit der Hilfe eines Blender-Pinsels (das ist ein sehr weicher, runder Pinsel). Mit dem Blender wische ich immer wieder über den dunklen Bereich und bekomme so den perfekten Look. Wer es noch dramatischer will, kann natürlich jetzt nach dem gleichen Prinzip eine noch dunklere Farbe verwenden. Wichtig ist wirklich das Wischen mit dem Blender-Pinsel.

Unter dem Auge verwende ich die gleichen Farbtöne. Das lässt das Auge noch größer wirken. Wer mag, betont den oberen Wimpernkranz jetzt noch mit einem Lidstrich. Auch das braucht neben der ruhigen Hand ein bisschen Übung. Einfacher wird es, wenn du einen feinen flachen Pinsel nimmst. Damit kannst du den Lidstrich dann einfach aufstempeln. Nun noch etwas Mascara, und der große Auftritt ist perfekt. Wer einen Lippenstift dazu tragen möchte, der wählt eine dezentere Farbe.

Zum **Küssen**

Soll dein Look lieber durch einen intensiven Lippenstift auffallen, dann wähle das Augen-Make-up dezenter. Ein Lidstrich oder ein feiner Lidschattenton reichen dann völlig aus. Mein Tipp für den perfekten Lippenstift: Trage vor dem Lippenstift etwas Concealer um die Lippen herum auf. Dadurch wirkt nachher die Lippenkontur superakkurat. Verwende jetzt einen passenden Lippenkonturenstift und trage dann den Lippenstift auf. Nimm nun ein Kosmetiktuch und setze einen schönen Kussmund darauf, um den ersten Überschuss runterzunehmen. Um meinen Lippenstift etwas kussfester zu machen, trage ich eine weitere Schicht auf, lege ein neues Kosmetiktuch auf die Lippen und trage über dieses Tuch (auf meinen Lippen) Fixierpuder mit einem großen weichen Pinsel auf. Hast du nicht das passende Rouge zur Hand, nimm einfach ein wenig von dem Lippenstift und tupf ihn leicht mit deinen Fingern auf die Wangen auf. Der Partyabend kann kommen!

Alles *eine Frage* *der* Kontur

Der Trend des Contouring ist mittlerweile ein fester Bestandteil jedes Make-up-Tutorials geworden. Tatsächlich finde ich diesen Trend ganz nützlich, um dem Gesicht ein wenig mehr Kontur zu geben. Sehen wir diesen Trend als eine entschärfte Formwäsche für unser Gesicht. Hierzu werden dunklere und hellere Pudertöne so auf dem Gesicht aufgetragen, dass sie das Gesicht optisch modellieren. Grundsätzlich gilt: Was dunkel ist, tritt optisch zurück, und was hell ist, tritt optisch hervor. Ich betone meine Wangenknochen gern, indem ich zunächst mit dem dunkleren Puder die Kontur unter den Wangenknochen nachziehe. Dazu mache ich einen Fischmund, sodass der Bereich etwas einfällt und ich genau sehe, wo ich nachmalen muss. Im Anschluss betone ich mit etwas Highlighter die Wangenknochen. Auch ein kleines Doppelkinn lässt sich super mit dem dunklen Konturpuder kaschieren. Aber aufgepasst: Nicht zu viel nehmen, sonst siehst du aus, als hättest du eine Kriegsbemalung oder Schmutz im Gesicht! Für den gewünschten Effekt reichen schon ein subtiler Schimmer und ein dezenter Schatten.

Ich hoffe, du hast jetzt Lust darauf bekommen, ein bisschen zu experimentieren. Grundsätzlich soll Make-up, genau wie Mode, einfach Spaß machen und ein Hilfsmittel sein, um unsere Vorzüge zu unterstreichen. Bitte versteck dich nicht hinter dicken Masken. Bleib immer authentisch du selbst und hab Spaß! Finde für dich heraus, was dir gefällt und zu dir passt.

»**Du** *bist*
mehr *als*
eine **Hülle.**«

»ICH FASSE ZUSAMMEN«

Nun weißt du, wie du mit Farben in deinem Gesicht spielen kannst und wie du, je nach Tageszeit, Akzente setzen kannst. Vielleicht gönnst du dir ein professionelles Make-up bei einer tollen Stylistin? Die kann sicherlich noch ganz persönliche Dinge für dich herausarbeiten. Ich habe dir außerdem die Geschichte meiner Modelkarriere erzählt. Jetzt weißt du:

- Schönheit kommt auf jeden Fall von innen.
- Wenn du fröhlich und glücklich bist, macht dich das schön.
- Ich liebe mich, wie ich bin. Lerne du das auch.

- Entdecke deine Schönheit.
- Trau dich mal ungeschminkt ins Freie.
- Zelebriere deine Rituale.
- Pflege ist das A und O.
- Verwende tagsüber ein dezenteres Make-up.
- Der große Auftritt ist für den Abend.
- Ausdrucksvolle Augen bekommst du durch die Smokey-Eyes-Technik.
- Zum Küssen betone die Lippen stärker als die Augen.
- Es ist alles eine Frage der Kontur.

Lass die Welt sehen, wie schön du bist.

ROCK YOUR BODY!

Wie viele Diäten hast du schon gemacht? Wie oft am Tag hast du ein schlechtes Gewissen, wenn du etwas isst? Ich wünsche dir, dass du mit deiner Ernährung, mit deinem Körper, mit dir selbst Frieden schließt! In diesem Abschnitt zeige ich dir, wie du mit ganz einfachen Dingen zu mehr Lebensqualität gelangst und am Ende bedenkenlos die Waage in die Tonne schmeißen kannst.

♥

Diäten *machen* dick

Glücklicherweise hat mir meine Mutter in meiner Kindheit und Jugend einige weise Sätze mit auf den Weg gegeben, sodass Diät nie eine Option für mich war. Ich zitiere deshalb meine Mutter sehr gerne noch mal: »Macht bloß keine Diät. Dadurch werdet ihr nicht glücklich. Erst nimmt man ab, hinterher kommt der Jo-Jo-Effekt und man hat mehr Pfunde als zuvor. Wenn ihr eine Diät macht, verbiegt ihr euch. Wenn ihr euch verbiegen müsst, dann haltet ihr das nicht lange durch. Wenn ihr also unglücklich seid und etwas dagegen tun möchtet, dann macht etwas, was man auch durchhalten kann.«

Meine kluge Mutter hat mich davor bewahrt, durch Diäten unglücklich zu werden. Aber es ist auch wissenschaftlich bewiesen, dass die meisten Diäten eher schaden als nützen. Ein paar Ausnahmen gibt es allerdings: Das sind Diäten, die man bei chronischen oder schweren Erkrankungen einhalten muss, etwa bei Diabetes, Gicht, Rheuma oder bestimmten Lebensmittelunverträglichkeiten. Auch Diäten, die eine Frau machen muss, weil sie schwerst übergewichtig ist und erst einmal einen Anfang schaffen muss, um sich gesund zu fühlen, gehören dazu. Genau das ist unser Stichwort: »sich gesund fühlen«. Dies hier ist kein Abnehm-Buch, aber es ist auch kein Zunehm-Buch. Massives Übergewicht macht auf die Dauer krank. Massive Diäten aber auch. Ich wünsche mir sehr, dass wir alle etwas mehr Gespür für das Essen bekommen und nicht falschen Propheten folgen.

Mir geht es vor allen Dingen darum, Frauen dabei zu unterstützen, dass sie ihren Körper annehmen und lieben, ja sich selbst lieben können – mit all ihren Dellen, Makeln und Schwachstellen. Was uns aus den Medien entgegenschlägt, signalisiert leider meistens, dass nur schlanke Menschen glücklich und erfolgreich sind, sich annehmen und geliebt werden.

Das Bild der schlanken Frau hat aber nur wenig mit dem zu tun, was eigentlich normal ist. Wer bestimmt denn, was normal ist? Ich trage Größe 42/44. Die 42 ist die meistverbreitete Größe in Deutschland. Wir werden aber unter dem Label »Übergröße« gehandelt.

Ständig werden wir mit Fotos konfrontiert, die uns einhämmern, dass wir falsch und schwach sind, weil wir es nicht schaffen, so abgemagert auszusehen. Fast jede Frau hat schon eine oder mehrere Diäten gemacht. Immer früher fangen sogar schon Kinder damit an, weil sie von ihren Müttern mitbekommen, wie erstrebenswert ein dünner Körper sein soll. Allein das Wort Cellulite löst beim weiblichen Geschlecht schon halbe Panikanfälle aus. Dabei hat das einfach auch etwas mit schwachem Bindegewebe zu tun, denn selbst schlanke Frauen haben Orangenhaut. Ich wünschte mir so sehr, dass wir endlich aufhören, so zu tun, als hätten wir die Pest an den Beinen! Ja, ich liebe auch meine Cellulite. Ich lasse mir doch nicht durch ein paar Dellen an meinem Körper meine Lebensfreude nehmen!

Bekomm lieber ein Gefühl dafür, welches Gewicht für dich persönlich gut ist. Und das misst sich eben nicht nur an einer Zahl auf der Waage oder über den Body-Mass-Index (BMI). Ein BMI hat nämlich nicht unbedingt etwas mit deiner Gesundheit zu tun. Wenn dünne Menschen Kettenraucher sind und viele Schnitzel essen, werden sie nicht die besten Blutwerte haben. Wer einen dicken Po hat, sich ausgeglichen ernährt und bewegt, kann dagegen sehr gesund sein.

»*Gib*
dem Glück
deine *eigene*
Form.«

Zähl keine *Kalorien*

Was passiert, kurz gefasst, bei einer Diät? Du reduzierst die Nahrungsmenge und verzichtest auf verschiedene Komponenten. Der Körper registriert diese Einschränkungen und scheidet erst einmal jede Menge Wasser aus. Das macht auch den schnellen Anfangserfolg aus. Nach ein paar Tagen der Gewöhnung stellt der Körper auf ein Notprogramm um, weil er denkt, dass er sonst verhungert. Er fährt sozusagen den Betrieb runter und verbrennt weniger Kalorien. Isst man dann nach einer Zeit wieder »normal«, bleibt das Notprogramm bestehen und die zusätzlichen Kalorien, die der Körper jetzt sicherheitshalber »einlagert«, kommen obendrauf. Daher nehmen viele nach einer Diät leider wieder zu und wiegen bald sogar mehr als vor der Gewichtsreduzierung. Wer also tatsächlich abnehmen möchte, sollte generell über eine Nahrungsumstellung nachdenken, denn die führt dauerhaft zum Erfolg. Auch Bewegung ist ein viel effektiveres Zaubermittel der Wahl: Wer mehr verbrennt, als er zu sich nimmt, wird auf die Dauer weniger wiegen.

Nicht die gelegentliche Schokolade, Pommes oder Döner sind das Problem, sondern die Menge an diesen Dingen. Gegen einen Riegel ist nichts einzuwenden, täglich eine Tafel Schokolade macht dagegen Röllchen. Nicht Fett an sich ist Teufelszeug, sondern vor allem schlechte Fette.

Pommesfett und tierische Fette solltest du nur in kleinen Mengen genießen. Transfette sind richtig schlecht. In vielen Lebensmitteln ist eine Menge Zucker versteckt – selbst in solchen, die gar nicht süß schmecken, wie zum Beispiel in Ketchup. Kohlenhydrate werden gern verteufelt. Quatsch mit Soße! Auch hier bestimmen die Dosis und die Art der Kohlenhydrate über Schein oder Sein. Greift lieber mal zu Vollkornprodukten: Sie machen länger satt und tragen viele wertvolle Inhaltsstoffe in sich. Äpfel nicht schälen, auch hier sitzen die meisten tollen Dinge unter der Schale. Lass dich nicht kirre machen von Obst, das vielleicht einen höheren Fruchtzuckeranteil hat. Na und? Iss, was dir gut schmeckt. Eine Banane ist in jedem Fall wesentlich besser als noch ein Burger.

Gesund *und* glücklich ohne *Pillen und* Shakes

Über Getränke kannst du sehr viel bewirken: Cola, Limos, Säfte, das sind wahre Kalorienbomben. In Lightprodukten steckt viel Chemie. Das ist auch eklig. Wer ausreichend Wasser oder Mineralwassser trinkt, fühlt sich dagegen frisch, die Haut ist prall. Wer abnehmen möchte, kann an diesen vielen kleinen Schräubchen drehen, ohne eine Diät zu machen und dauernd im Kalorienzählmodus zu sein. Viele Frauen sind ja schon ganz kirre und werden gleich panisch, wenn sie eine Sahnetorte auch nur anschauen. Furchtbar! Also möchte ich euch zurufen: »Entspannt euch!« Denkt weniger über Verbote, Fette, Lightprodukte und anderes Ungemach nach, sondern esst ausgeglichen. Das zu lernen, ist kein Hexenwerk – es genügt, wenn man sich an ein paar einfache Regeln hält.

Ob du Kleidergröße 44 oder mehr trägst, spielt letztlich keine Rolle. In einem gesunden Körper fühlt man sich einfach wohler. Du kennst das bestimmt von den Weihnachtsfeiertagen: Es gibt viele leckere Dinge, die wir in dieser Zeit zu uns nehmen – von Marzipankartoffeln über Entenbrust, Klöße, Kartoffelsalat bis hin zu Punsch, leckere Plätzchen und Soßen –, aber puh, nach diesen Tagen fühlen wir uns irgendwie ungut. So abgefüllt. Super Zeit, gehört auch dazu. Aber ich freue mich danach wieder sehr auf leichtere Kost und frischere Sachen.

»Mädels, schmeißt die Waage in *die* Tonne!«

Sei *es* *dir* selbst wert

Koche viel frisch, iss weniger Fertiggerichte. Kaufe saisonale und regionale Produkte. Erdbeeren im Winter zum Beispiel sind suboptimal. Wenn es geht, entscheide dich für Bioprodukte. Vergiss die Kohlsuppe, Low Carb und Co. Außerdem darf ich mitteilen: Schlank im Schlaf wird leider ein Traum bleiben. Auch Pülverchen, Tabletten oder Shakes sind kein Mittel der Wahl. Du glaubst nicht, wie oft ich diese Dinge in meinen Social-Media-Chroniken sehe, als wären das die Heilsbringer. Schön kombiniert mit Vorher-nachher-Fotos. Die Nachher-nachher-Fotos bekommen wir dann nicht mehr zu sehen: wenn nach ein paar Wochen die Shakes zum Hals raushängen und der Jo-Jo-Effekt die Pfunde doppelt zurückbringt. Leute, ehrlich:

Shakes und Pülverchen sind eklig. Ich will doch auch mal was kauen! Essen hat auch etwas mit Genuss und Sinnenfreude zu tun. Mit Freunden in Gemeinschaft zu essen, macht einen wichtigen Teil meiner Lebensqualität aus. Da will ich nicht über Kalorien nachdenken – und deshalb mache ich das auch nie. Aber wenn ich so manche Magergrazie beim Kauen eines Salatblattes sehe, steht der keine Lebensfreude ins Gesicht geschrieben, sondern Verzweiflung. Beschäftige dich mit dem Thema Ernährung. Viele Krankenkassen bezuschussen Kurse dazu. Geh auf dem Markt einkaufen, koche mit Freundinnen, höre auf mit dem Kalorienzählen, iss Wertiges und Frisches, bewege dich ausreichend – und alles ist gut.

Der **Kühlschrank**-*Check*

Schau doch mal ganz bewusst in deinen Kühlschrank und in die Speisekammer. Ach, du hast gar keinen Vorrat? Gehörst du auch zu den Menschen, die glauben, keine Zeit zum Kochen zu haben? Die eher schnell beim Bäcker anhalten und sich aus dem Fertigangebot bedienen? Ist der Pizzabote dein bester Freund? Oder ist deine einzige Bewegung die Fahrt zum Burgerladen? Der Weg zu mehr Selbstliebe führt auch über den Magen. Verwöhne ihn. Füttere deinen wichtigsten Motor mit gutem Treib-

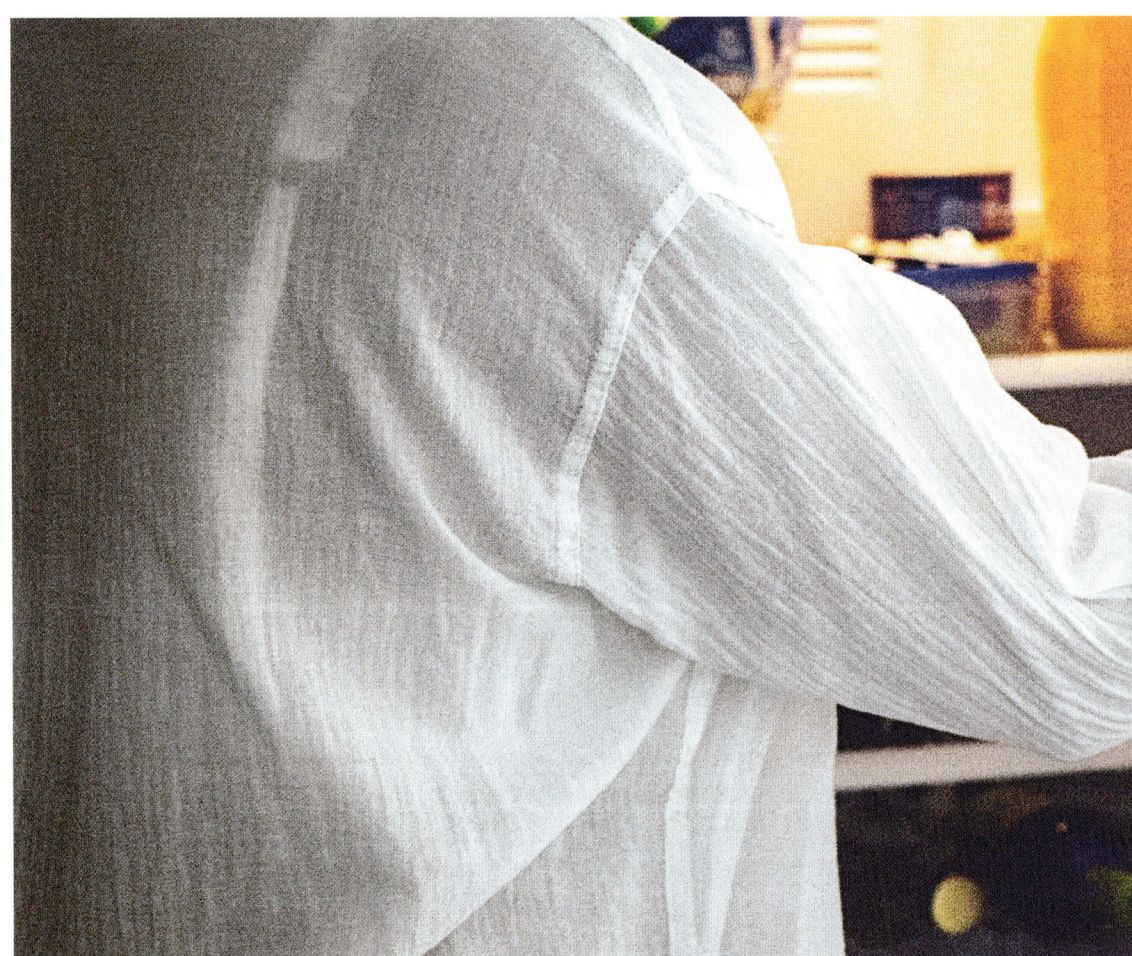

stoff. Eine gut gefüllte Vorratskammer und ein Essensplan verhindern die Dauerschleife zum Lieferservice. Gemüseschnippeln und Kochen dürfen dir eine Freude und ein Genuss werden, denn beides ist nichts anderes als ein Liebesbeweis an dich selbst. Reduziere Fertiggerichte, stark verarbeitete Lebensmittel und chemische Zusatzstoffe. Das gilt übrigens auch für vegane Produkte. Es ist ein Irrglaube, dass Lebensmittel gesünder sind, nur weil »vegan« draufsteht. Wenn sie industriell stark verarbeitet sind und reichlich undefinierbare Zusatzstoffe enthalten, ist das wenig hilfreich. Schau deshalb bitte unbedingt auf die Zutatenliste. Gute Lebensmittel sind übrigens unterm Strich weniger teuer als die ganzen Mitnahmeprodukte bei den vielen Bäckereiketten, die gerade wie Pilze aus dem Boden schießen.

Nie *richtig*

Für die einen bin ich zu dick und für die anderen zu dünn. Genau deshalb ist es wichtig, dass ich ganz bei mir selbst bin. Das wünsche ich mir auch für dich! Mir wird oft nicht geglaubt, dass ich mich liebe, wie ich bin. In jedem Interview werde ich wieder danach gefragt. »Für ein Curvy-Model bist du viel zu dünn«, lese ich oft, oder es wird mir ins Gesicht gesagt. Viele Menschen brauchen Schubladen, in die sie die anderen reinstecken können. Ab wann darf ich denn in die Curvy-Schublade? Ich trage Größe 42/44, was in Deutschland Übergröße ist – traurig, aber wahr. Ich habe ein relativ schmales Gesicht, daher stutzen viele und zweifeln meine Größe an. Sie verstummen dann mit einem Blick auf meinen Po und die Beine.

Während meiner Teilnahme bei *Let's Dance* gab es lustige Schlagzeilen, dass ich so viel abgenommen hätte. Nö, das sitzt alles immer noch da, wo es war! Natürlich verbrennt man bei so einer großen Kraftanstrengung jede Menge Kalorien. Hallo, da habe ich zwischen sechs und acht Stunden am Tag oder nachts trainiert! Dafür wird man aber auch muskulöser. Man muss jede Menge Kalorien zuführen, um das kräftemäßig überhaupt durchzustehen. Zumal ich ja in dieser Doppelbelastung von zwei Fernsehsendungen steckte. Dabei war es sehr nice, dass ich meiner Schokoladenleidenschaft uneingeschränkt frönen konnte, ohne dass sich auch nur ein Riegel auf meinen Hüften ablegte. Ich brauchte das auch für die Nerven. Aber darum geht es nicht. Dieses »zu dick«, »zu dünn«, »zu so oder so« – sei einfach du selbst! Stopp die Schubladen, dieses »falsch« oder »richtig«. Jeder Mensch ist individuell gebaut. Lang, groß, breit, dünn, kräftig, zart, schmaler Oberkörper, kurze Beine, großer Busen, kleiner Kopf. Diese Vielfalt lässt sich nicht in Kilos oder Ideal-BMI pressen.

Vielleicht bin ich ja auch nicht mein Leben lang ein Curvy-Model. Wenn ich plötzlich eine Leidenschaft für Marathon entdeckte, würde ich mich sehr wahrscheinlich körperlich verändern. Auch das wäre okay, weil ich selbst entscheide, wie ich sein möchte, und mir das nicht vorschreiben lasse. Jetzt bin ich so, weil ich das so will.

Und wenn alles **blöd** *ist?*

Natürlich kenne ich solche Tage auch, keine Frage: Man wacht auf und möchte gar nicht aus dem Bett. Oder im Laufe der Woche sammeln sich die fiesen Sachen an und man fühlt sich immer elender. Dann kuschle ich mich in meinen supergemütlichen Chillanzug, lege mich auf die Couch und schaue einen Film, der zu meiner Stimmung passt. Meine »Medizin« kann an solchen Tagen auch aus einem Riesenbecher meines Lieblingseises bestehen oder einer Currywurst. Ich mache dann selten einen Obsttag, wenn du weißt, was ich meine.

Natürlich gibt es auch noch schlechtere Tage. Ich denke da an Liebeskummer. Manchmal hilft in der akuten Not nicht mal ein Film, sondern nur die Decke überm Kopf. An solchen Tagen bleibe ich gleich im Bett. Manchmal höre ich Musik, oder ich mache sie selbst. Mein Klavier hilft mir immer. Ich mache nur Sachen, die ich schön finde: Ich setze mich in die Badewanne, wasche mir die Haare, lege eine Maske auf. Wenn ich an solchen Tagen doch noch einen Termin habe, wähle ich meist ein besonderes Make-up. Dann muss es auch das Lieblingsoutfit sein, selbst wenn ich das in der Woche schon zweimal anhatte. In solchen Momenten stärke ich mich mit meinen allerliebsten Klamotten.

Was machst du an solchen Katastrophentagen?

»**Nicht** *das* **Gewicht** *ist*
entscheidend, *sondern*
dass **du gesund** *und*
fröhlich *bist.*«

»ICH FASSE ZUSAMMEN«

Wir haben deinen Kühlschrank und deine Speisekammer unter die Lupe genommen. Aber viel wichtiger: Wir haben uns angeschaut, was Diäten anrichten können – und dass gar nicht so viel Anstrengung nötig ist, um sich wohler und gesünder zu fühlen.

- Schmeiß deine Waage in die Tonne.
- Zähl keine Kalorien und befreie dich von schlechtem Gewissen.
- Vergiss Diäten, denn sie werden dich dicker machen.
- Wer bestimmt eigentlich, wann man »richtig« ist?
- Frag bei deiner Krankenkasse oder deinem Arzt nach einer Ernährungsberatung.

- Koche genussvoll und vielleicht mit Freundinnen. Entdecke den Spaß in der Küche.
- Esse saisonal, regional, viel bio und vor allen Dingen viel selbst Zubereitetes.
- Vermeide stark verarbeitete Lebensmittel mit vielen chemischen Zusatzstoffen.
- Iss weniger Fast Food und Fertigprodukte.
- Genieße mit allen Sinnen.
- Sei es dir wert, dich mit guten Dingen zu versorgen.

Essen ist kein Ersatz für Glück. Verzicht aber auch nicht.

ROCK YOUR MOVES!

Welchen Sport magst du? Oder liegst du lieber auf der Couch? Hast du ungenutzte Fitnessstudio-Verträge zu Hause oder liebst du es, dich auszupowern? Befreie dich von deinem schlechten Gewissen — fang einfach neu an. Ich möchte dir zeigen, wie du mehr Bewegung in dein Leben bringst, mehr Power bekommst und damit einen großen Schritt Richtung Selbstliebe machst.

♥

Ich tanze
durch mein Leben

Mädels, ich liebe das Tanzen! Also ich kann mich ja für vieles begeistern, aber wenn ich ans Tanzen denke, wird mir ganz warm ums Herz. Das habe ich noch mal ganz bewusst bei *Let's Dance* gespürt. Die Teilnahme daran war ein riesiges Geschenk für mich und ich bin immer noch sehr bewegt, wenn ich an diese außergewöhnliche Zeit denke. Sie hat mir so viel über mich gezeigt: Wie ich an meine Grenzen komme, wie ich sie überwinde, was mein Körper kann und welche Gefühle damit verbunden sind.

Ich tanze schon seit meiner Kindheit. Da habe ich mit Ballett angefangen. Nie hätte ich allerdings gedacht, dass mir das so nachhaltig auch beruflich nützen würde. Man lernt diese besonderen Haltungen, und das überträgt sich auf die Körperspannung. Für meine Modeljobs ist das oft hilfreich, für die TV-Tanzshow sowieso.

Keine Frage: *Let's Dance* war ein Knochenjob, eine Herausforderung. Wäre es schon unter normalen Umständen gewesen mit acht bis zehn Stunden Training am Tag über 15 Wochen. Bei mir kam erschwerend dazu, dass gleichzeitig die Dreharbeiten zu meiner zweiten *Curvy-Supermodel*-Staffel stattfanden. So ist das manchmal in meinem Job. Nicht immer lassen sich zwei Großprojekte hintereinander planen. Und als ob das nicht gereicht hätte, lagen teilweise auch noch viele Hundert Kilometer zwischen den beiden Aufnahme- oder Übungsorten. Aber ich wollte das unbedingt! Die Bedenken meines Umfelds habe ich abgewiegelt. Was soll ich sagen? Es war eine der intensivsten Phasen meines Lebens. Es hat mich gefordert, aber auch unendlich glücklich gemacht. Vielleicht brauchte ich auch diese Leidenschaft – hier steckt nicht von ungefähr das Wort »Leiden« drin –, um so authentisch und willensstark an mein Ziel zu kommen. Wir haben uns gegen eine wunderbare, aber starke Konkurrenz bis auf den dritten Platz getanzt. Mein Tanzmentor Massimo Sinató hat mich super begleitet und bestens auf die Aufgabe vorbereitet. Wer die Sendung verfolgt hat, konnte sowohl meine Entwicklung sehen als auch meine Tränen. Natürlich kam ich irgendwann an meine Grenzen. Wenn mein Team sich nach dem Curvy-Drehschluss fröhlich um 21 Uhr in den Feierabend verabschiedet hat, habe ich mein Tanzbeutelchen geschultert und bin zum Training gedüst. So ist es kein Wunder, dass an manchen Tagen meine Nerven blank lagen. Gleichzeitig war es aber auch toll zu spüren, wie sich der Körper angesichts solcher Ausdauer- und Krafttrainings verändert. Ich fühlte mich stark und glücklich. Und das, obwohl ich richtig viel Schokolade verputzt habe, denn natürlich verbrannte ich immens viele Kalorien. Die Energiespeicher und die Seele brauchten Futter.

Mal abgesehen von dieser traumhaften Zeit, ist es in meinem Beruf in der Model- und Medienbranche nicht ganz leicht, sich regelmäßig Zeit für Sport zu nehmen. Feste Kurse und Gruppen fallen schon mal weg. Andererseits möchte ich auch als Curvy-Model darauf achten, gesund und fit zu bleiben. Ich liebe zwar auch meine Cellulite, das heißt aber nicht, dass ich atemlos, schwabbelig und ohne Power sein möchte. Also habe ich auch auf Reisen oft meine Matte dabei. Yoga kann man zu jeder Zeit und in jedem Hotelzimmer machen. Damit kann ich mich dehnen, bleibe geschmeidig und flexibel. Ganz nebenbei ist das auch gut, um den Kopf freizubekommen.

Neben dem Yoga habe ich mir von einem Personal Trainer wirksame Work-outs zeigen lassen, die ich ebenfalls ohne Geräte an Ort und Stelle ausführen kann. Die verrate ich dir in diesem Kapitel.

Dein Start in *ein* *bewegtes* Leben

Bist du ein Sportmuffel? Ich kann das gut verstehen, natürlich gibt es auch bei mir Phasen, in denen ich nicht »Hier!« schreie, wenn es ums Training geht. Aber ich verrate dir jetzt mal, warum ich mich dann trotzdem aufraffe: Weil ich es mir wert bin! Weil der Sport eine Investition in mei-

ne Gesundheit und in meinen Körper ist. Weil ich mich dann glücklicher und freier fühle.

Den Sportköniginnen unter euch brauche ich nichts mehr zu erzählen. Ihr wisst das alles schon. Ich möchte diejenigen ermutigen, die bisher noch wenig aktiv waren. Kannst du dir erklären, warum das so ist? Jetzt ist nicht mehr der Moment für ein schlechtes Gewissen. Wenn du das Buch bis hierher gelesen hast, weißt du, dass Anklage nicht mein Weg ist. Schau nach vorn. Triff jetzt eine Entscheidung für dich. Fang mit kleinen Schritten an. Und hey, das kann ich dir versprechen: Wer frisch mit einer neuen Sportart startet, hat zwar Muskelkater, aber auch eine steile Erfolgskurve.

Anfangen könntest du in ganz kleinen Schritten, die du in deinen Alltag einbaust: Beim Zähneputzen abwechselnd auf der Spitze und auf der Hacke stehen. So tun, als würdest du dich auf einen Stuhl setzen, in der Bewegung verharren und seitliche Schritte machen. Das macht einen knackigen Po und feste Beine. Du hast zwei Mineralwasserflaschen zur Hand? Prima – benutze sie als Hanteln. Hebe seitlich die Arme, dann vor den Körper… erfinde deine eigenen Varianten. Damit trainierst du ganz viele Arm- und Brustmuskeln. Benutze Treppen statt Aufzüge. Geh mindestens einmal am Tag hinaus an die frische Luft. Erweitere deine Spaziergänge zu einem schnelleren Walk. Vielleicht steigst du vom Auto aufs Fahrrad um. Schau dir deinen Tagesablauf an. An welchen Stellen lassen sich solche Mini-Work-outs einbauen und Verhaltensänderungen erreichen?

Finde *heraus,* *was du* liebst!

Welche Sportart für dich infrage kommt? Es ist völlig egal. Wichtig ist nur ein einziger Punkt: Finde heraus, was du liebst, denn nur dann besteht die Chance, dass du dranbleibst. Halt, es gibt doch noch einen zweiten Punkt, und das ist dein Kopf: Du machst das für dich! Es ist deine Investition in dich, deinen Körper, deine Selbstliebe. Das darfst du dir wert sein! Es geht nicht darum, eine Sportskanone zu werden oder einen Meistertitel zu holen. Wer sich regelmäßig bewegt, fühlt sich einfach besser, sowohl körperlich als auch seelisch. Du bist oft traurig und antriebslos? Dann wird dir jede Bewegung, jeder kleine Lauf draußen an der frischen Luft richtig guttun. Das habe ich mir nicht ausgedacht, sondern es gibt viele Studien, die die Wirksamkeit von Sport gegen Depressionen und auch bei schweren Erkrankungen nachweisen. Du meinst, du hast dafür zu wenig Zeit? Quatsch, die Zeit für die eigene Gesundheit solltest du dir einfach nehmen.

Was bist du für ein Typ? Möchtest du allein in Bewegung kommen, gefällt dir Mannschaftssport oder suchst du eine Freundin, die dich von der Couch holt? Überlege, in welcher Form du in Bewegung kommen willst. Tanzen, Laufen, Fitnessstudio, Yoga, Schwimmen – es gibt noch viele andere Möglichkeiten. Super ist eine Kombination aus Ausdauertraining und Muskelaufbau. Für jedes Körpergewicht, für jeden Geldbeutel und für jede Zeit existiert die richtige Variante. Mit sehr starkem Übergewicht kann Wasser dein Element sein oder das Fahr-

rad. Lass dich am besten vorher von deinem Arzt durchchecken. Das sollte übrigens jede tun, die irgendwie Bedenken hat, sich unfit fühlt oder schon unter einem Handicap irgendeiner

134

Art leidet. Sportvereine bieten wirklich günstige Tarife. Joggen, Walken, Fahrradfahren, Yoga und viele andere Dinge kann man natürlich auch kostenlos machen. Darüber hinaus gibt es jede Menge Bücher und Apps, die dich beim Training unterstützen, dich liebevoll daran erinnern oder deinen Einsatz dokumentieren, um dich weiter zu motivieren.

Work-out
mit Angelina

Ein paar Dinge vorneweg: Wärme dich auf und dehne deinen Körper, bevor du mit den Übungen loslegst. Also, erst mal etwa zehn Minuten auf der Stelle laufen. Geschmeidige Muskeln verletzen sich nicht so schnell. Bekomme ein Gespür für dich und deinen Körper. Mit anderen Worten: Finde das richtige Trainingsmaß. Viel hilft nicht immer viel, schon gar nicht, wenn du Einsteigerin bist. Solltest du dich unsicher fühlen, wähle ein Training unter Anleitung. Bitte nicht trainieren, wenn du krank bist! Dann braucht dein Körper Ruhe. Wenn dagegen während der Übungen die Muskeln brennen, darfst du noch ein bisschen weitermachen, denn dies zeigt, dass du sie schön in Wallung gebracht hast.

Du kannst die Übungen je nach Trainingsstand in drei Intensitäten ausführen: **als Einsteigerin, Fortgeschrittene oder Profi.** Mache immer eine Minute Pause zwischen den Runden.

- **Einsteigerinnen** machen jeweils 3 Runden bei je 10–12 Wiederholungen.
- **Fortgeschrittene** machen 5 Runden bei je 10–12 Wiederholungen.
- **Profis** können 7 Runden absolvieren bei je 10–12 Wiederholungen.

»*Du musst* keinen Marathon *laufen,* *um dich* besser *zu* fühlen.«

»LET'S START!«

Work-out 1 – Einsteiger

1

2

PUSH-UPS AUF DEN KNIEN

Push-ups sind gut für die Bauch-, Rumpf-, Arm- und Brustmuskulatur – sozusagen eine Allzweckwaffe. Wir starten mit Push-ups auf den Knien. Nimm dazu den Vierfüßlerstand ein und stütze dich auf den Knien ab. Gehe dann in den Liegestütz. Versuche, eine gute Körperspannung zu erreichen, und berühre mit der Nase fast den Boden. Die Hände sind etwas mehr als schulterbreit aufgestellt. Die Übung kann man wahlweise mit aufgestellten Händen oder Fäusten ausführen. Um die Knie zu schonen, streck die Beine am Anfang niemals durch, sondern halte die Knie immer in einem kleinen Winkel gebeugt. Du schaffst noch keine sieben oder acht Push-ups? Sei nicht traurig. Mach so viele du kannst. Wenn du meinst, dass es gar nicht mehr geht, versuche mindestens noch einen. Fortgeschrittene können die Übung mit durchgestreckten Beinen ausführen (siehe Seite 145).

DIPS

Dips heißen diese lustigen Dinger, die es ganz schön in sich haben. Davon bekommst du mindestens schöne Arme. Auch die Dips gibt es in zwei Varianten. Du kannst sie an einer Couch oder einer Bettkante in deinem Rücken ausführen. Stütze dich mit den Armen ab; die Fingerspitzen zeigen dabei nach vorn, die Ellbogen zeigen zurück. Die Füße sind auf den Fersen aufgestellt und hüftbreit geöffnet. Jetzt schiebst du deinen Po über die Kante und lässt ihn frei schweben. Nun kannst du mithilfe der Arme den Oberkörper heben und senken. Probiere aus, wie weit du kommst.

Fortgeschrittene führen die gleiche Übungsreihe schließlich mit durchgestreckten Beinen durch (siehe Seite 146).

SQUATS

Sie heißen jetzt zwar anders, sind aber noch genauso fies: Die guten alten Kniebeugen haben den coolen Namen »Squats« bekommen. Die kannst du fast überall mal eben einstreuen – denk nur an meine Zahnputzlektion.

Stell die Füße schulterbreit auf. Die Knie zeigen dabei leicht nach außen.

Dein Gewicht lastet leicht auf den Fersen. Strecke die Arme nach vorn und leicht nach oben aus. Mit geradem Rücken gehst du jetzt sanft in die Knie. Den Trainingseffekt kannst du verstärken, wenn du in dieser Hocke etwas verharrst.

BEINE

BRIDGE

»Bridge over troubled water« heißt ein bekannter Song des legendären Duos Simon & Garfunkel. Deine Brücke führt nicht über wilde Wasser, sondern bringt dich zu einem festen Po und einem starken Bauch – und dafür bedankt sich auch dein Rücken. Besonders wer seinen Lebensunterhalt am Schreibtisch verdient, findet so viel Entlastung.

Leg dich rücklings auf deine Matte. Die Beine sind aufgestellt. Streck die Hände in Richtung Fersen aus. Und nun hoch mit dem Po – der bei uns in Schleswig-Holstein übrigens auch »Pöschi« genannt wird. Nett, oder? Also: Pöschi hochdrücken und die Oberschenkel dabei fest anspannen. Dein Körperschwerpunkt verlagert sich auf die Fersen und die Schultern. Du möchtest eine Steigerung? Dann versuch das Ganze doch mal mit jeweils einem gestreckten Bein – dein Po wird sich freuen (siehe Seite 148).

PLANK

Kennst du Planken? Diese langen, steifen Holzteile. Ich schwöre, wenn du viele Planks machst, bekommst du eine feine, gestärkte Silhouette. Die abgeschwächte Variante ist die Plank auf den Knien. Begib dich bäuchlings auf die Matte mit aufgestellten Knien und stütz dich auf den Ellbogen ab. Spann deinen ganzen Körper an.

CORE

»GET GOING!«

Work-out 2 – Fortgeschrittene

PUSH-UPS

Deine Bauch-, Rumpf-, Arm- sowie Brustmuskulatur dürften sich bereits verändert haben, stimmt's? Bei dieser Übung kannst du dich jetzt entweder im Vierfüßlerstand auf den Händen oder den Fäusten abstützen. Die Arme sind etwa schulterbreit aufgestellt. Achte auf deine Körperspannung, aber das dürfte ja kein Problem mehr sein. Die Beine sind gestreckt, jedoch immer ein klein wenig angewinkelt. Nun kannst du loslegen. Die Nase schön tief am Boden – und jetzt: auf und nieder. Zehn bis zwölf Wiederholungen sollen es sein. Und zwar über fünf Runden. Zwischen jeder Runde kannst du eine Minute pausieren.

Falls du das Training noch etwas intensivieren möchtest, probiere mal sieben Runden aus.

❶

❷

SCHULTERN

DIPS MIT
GESTRECKTEN BEINEN

Und schon sind wir wieder bei den Dips, aber in der fortgeschrittenen Variante. Also: Denk immer daran, wie stark und schön deine Arme dadurch werden! Tschüss Winkeärmchen, denn durch diese Übung wird der Trizeps gestärkt.

Stütz dich mit den Armen auf einer Kante ab. Das kann eine Bettkante, eine Couch oder eine Bank sein. Die Fingerspitzen nach vorne, die Ellbogen nach hinten gerichtet. Schiebe den Po nach vorn, die Fersen sind aufgestellt, die Beine gestreckt, und nun geht es in die Schwebe. Senke den Po und bringe ihn so nah zum Boden, wie du kannst. Zwischen Po und Matte sollten nur noch wenige Zentimeter Luft sein. Die Ellbogen bilden dabei einen 90-Grad-Winkel. Versuch, zehn- bis zwölfmal den Po über die Armbewegungen anzuheben. Auch hier wieder über fünf bis sieben Runden.

LUNGES

Deine Beine werden jubeln, wenn du diese Übungen ausführst. Mach einen großen Schritt nach vorn. Die Ferse des hinteren Fußes ist angehoben. Und dann geht es schön in die Knie. Das erinnert so ein bisschen an die Telemark-Haltung beim Skilaufen. Die Hände sind in den Hüften abgestützt. Dann schön in der Körperspannung bleiben und dann sanft aufstehen, mit dem anderen Bein einen großen Schritt nach vorn machen und wieder in die Knie gehen.

BRIDGE, EINBEINIG

Nun sind wir schon bei der verschärften Brücke – sprich Bridge – angekommen. Bei dieser Variante ist nun Balance gefragt. Du liegst auf dem Rücken, ein Bein ist aufgestellt, das andere in die Luft gestreckt. Und nun gilt es, das Becken mit dem Po in einer schönen geraden Linie anzuheben. Die Hände sind weit ausgestreckt und berühren fast die Ferse. Gar nicht so leicht, dabei im Gleichgewicht zu bleiben. Nachdem aber deine Bauch- und Pomuskeln schon stärker geworden sind, wirst du auch das locker schaffen. Fünf bis sieben Runden, dazwischen eine Minute Pause, bei zehn bis zwölf Wiederholungen.

PLANK II

Die verschärfte Variante der Planks von Seite 143: Nimm die Knie hoch, sodass Ober- und Unterkörper eine lange Gerade in der Schwebe bilden, den Bauchnabel einziehen und dich auf deinen Füßen abstützen. Da ist gaaanz viel Luft zwischen dir und der Matte. Und jetzt schön halten, bitte ...

»ICH FASSE ZUSAMMEN«

Im letzten Kapitel deiner Reise zu deinem neuen Selbst haben wir dich in Bewegung gebracht. Du musst keine Sportskanone werden, aber mehr Bewegung wird dich glücklicher machen. Da kannst du mir vertrauen.

- Finde heraus, was du liebst.
- Bringe kleine Einheiten in deinen Alltag.
- Nimm die Treppe und nicht den Aufzug.
- Was ist deines? Bist du die Einzelkämpferin oder gibt dir die Gruppe den Kick?
- Sport ist keine Frage des Geldes, sondern des Kopfes.
- Bringe mehr Power in dein Leben.
- Fang einfach an.

Ready ...
Steady ... Happy!

Was ich
dir *wünsche*

Nun sind wir zwar am Ende des Buches angekommen, aber für dich ist das der Anfang. Der Anfang vielleicht von deinem neuen, glücklicheren und auch leichteren Leben. Leichter nicht, weil du Diät machst und Kilos verlierst, sondern weil du dich lösen kannst von deinen Ängsten, deinen Vorurteilen, von Menschen um dich herum, die dich runterziehen, von Bildern über Mode und von Regeln, was sein und nicht sein darf. Ich wünsche dir mehr Lebensqualität und dass nicht mehr die Waage oder ein Stück Torte in dir schlechte Gefühle auslösen. Finde dich, glaube an dich, denn so, wie du bist, bist du wunderbar gemacht. Ich wünsche dir Leichtigkeit und ein neues Selbstwertgefühl, dich so anzunehmen, wie du bist: nämlich einzigartig!

Mit ganz viel Liebe!
Deine Angelina

»Ich liebe *mich so,*
wie ich bin!«

Danke

Wow, ich bin überglücklich und kann es gar nicht richtig glauben: Ich habe mein erstes eigenes Buch geschrieben! An dieser Stelle möchte ich Danke sagen, denn es gibt einige Menschen, ohne die ich dieses Herzensprojekt nicht hätte realisieren können.

Zuerst möchte ich mich bei dir als Leserin bedanken. Ja, ganz genau, bei dir, die dieses Buch jetzt in Händen hält. Ich danke dir dafür, dass du mir und meinem Buch die Chance gegeben hast, dich mitzunehmen und auf dem Weg zur Selbstliebe zu inspirieren.

Dann möchte ich meinen wunderbaren Eltern danken: Liebe Mama, lieber Papa! Ohne euch wäre ich nicht die Frau geworden, die ich heute bin. Ich danke euch für eure Liebe, eure ständige Aufmerksamkeit und eure Unterstützung in jeder Situation meines Lebens. Ihr seid die besten Eltern, die es nur geben kann!

Danke auch an Madlin, dafür, dass du von Beginn an alle Situationen des Lebens mit mir geteilt hast. Ich bin stolz darauf, was aus dir geworden ist, Schwesterherz!

Danke, meine allerliebste Cleo, für dein Vertrauen in mich und deine ständige Motivation. Du siehst in mir so viel Großes und hilfst mir, meine kühnsten Träume zu verwirklichen. Du bist meine Freundin, meine Seelenverwandte, ein wichtiger Teil meines Lebens!

Und natürlich darf ich meine Alexandra nicht vergessen, die beim Schreiben an meiner Seite war. Du warst so geduldig mit mir und hast von Anfang an den Geist der Body-Positivity erfasst. Danke, dass wir zusammen auf so einer tollen Welle geritten sind!

Ich danke Stephan Strauß von der Agentur 31Media und seinem Team, bei denen die wichtigen Fäden für das Buch zusammengelaufen sind und der auch die Idee zu diesem Buch hatte.

Mein herzlicher Dank geht an das Team von Gräfe und Unzer, die dafür gesorgt haben, dass »Rock your Curves!« zu einem so runden Gesamtwerk geworden ist.

Zu guter Letzt bedanke ich mich auch bei allen Menschen, die mir nicht immer Gutes wollten. Ihr habt in mir die Stärke geweckt, zu der Kämpferin zu werden, die euch allen zeigt, dass ich es eben doch kann!

In Liebe
Angelina Kirsch

Anregungen, Inspiration & Hilfe

Bücher, die mich inspiriert haben

- »Embrace – Du bist schön«, *Taryn Brumfitt*, Plaza
- »Dein Weg zur Selbstliebe«, *Robert Betz*, GU
- »Dein Yoga, dein Leben – Übungen, Meditationen, Rezepte«, *Tara Stiles*, Knaur

Drei Frauen, die mich neben meiner Mutter sehr beeindruckt haben

Malala Yousafzai (* 1997), Kinderrechtsaktivistin aus Pakistan. Als 15-Jährige wurde sie deshalb von den Taliban angeschossen. 2014 bekam sie neben vielen anderen Auszeichnungen für ihren mutigen Einsatz den Friedensnobelpreis als jüngste Preisträgerin überreicht. Heute studiert sie im englischen Oxford und setzt sich weltweit für die Bildung von Kindern ein.

Marie Curie (1867–1934), polnische Physikerin und Chemikerin. Sie bekam nicht nur den ersten Nobelpreis als Frau, sondern auch als Einzige zwei dieser besonderen Auszeichnungen, nämlich in Chemie und Physik. Sie entdeckte mit ihrem Mann neben vielen anderen Dingen die Radioaktivität und sorgte später dafür, dass mehr Frauen studieren durften.

Taryn Brumfitt (* 1978), Fotografin aus Australien, die mit ihrer »Embrace«-Bewegung viel für die Frauen in Sachen Body-Positivity und Selbstliebe in Bewegung gebracht hat. Ihren Film, der von der deutschen Schauspielerin Nora Tschirner mitproduziert wurde, kann ich euch sehr ans Herz legen.

Nützliche
Adressen

Hilfe bei Essstörungen wie Bulimie, Magersucht und anderen Erscheinungsformen

**Bundeszentrale für
gesundheitliche Aufklärung**
www.bzga-essstoerungen.de

Hier finden du und deine Angehörigen eine anonyme Onlineberatung der Hamburger Organisation Waage e.V. *www.essstoerungen-onlineberatung.de*

Schau auch auf die Homepage deiner Krankenkasse. Dort findest du sicherlich Informationsmaterial und Hilfsangebote.

*Wenn du denkst,
dass dein Essverhalten dir schadet,
hole dir bitte Hilfe.*

#LOVYOURSELF

Der beste **Beauty-Tipp** *ever:* *Liebe* **dich** *selbst!*

# #

LOVYOURSELF – kein anderes Statement könnte das, was Angelina Kirsch mit der Kosmetikmarke L.O.V verbindet, wohl treffender beschreiben. Denn wahre Schönheit entsteht aus der Liebe zu sich selbst. Sie entspricht keinen Stereotypen, sondern definiert sich auf die vielfältigsten Arten und Weisen, in den unterschiedlichsten Facetten – eine klare Message, die auch Angelina voller Überzeugung teilt. Als L.O.V Markenbotschafterin setzt sie sich für Female Empowerment ein und steht für moderne Weiblichkeit, Stärke und Inspiration.

Liebe Angelina … Schönheit – was bedeutet das für dich?

Für mich ist Schönheit etwas sehr Individuelles und hat viel mit Selbstbewusstsein, Stärke und Authentizität zu tun – nur darauf kommt es wirklich an! Jede Frau kann schön sein, ganz egal, wie alt sie ist oder welche Konfektionsgröße sie hat.

Welchen Make-up-Look trägst du am liebsten?

Schwer zu sagen … Im Alltag mag ich eher den natürlichen Look, aber manchmal liebe ich es auch, Vollgas zu geben und mich wie eine richtige Diva zu stylen – Big Hair, dramatische Smokey Eyes und sexy rote Lippen …

Ein Beauty-Produkt, das in deiner Handtasche nicht fehlen darf?

Ohne meinen Lippenstift verlasse ich definitiv nie das Haus! Ich bin viel unterwegs und oft in Eile, aber für ein kleines Lippen-Touch-up zwischendurch ist immer Zeit. Für L.O.V durfte ich sogar meine ganz persönliche Lieblingslippenstiftfarbe kreieren – ein wahr gewordener Frauentraum!

Stell dir vor, du hättest magische Kräfte: Gibt es einen Makel, den du sofort „wegzaubern" würdest?

Im Großen und Ganzen bin ich eigentlich sehr zufrieden mit meinem Aussehen. Wenn überhaupt, dann vielleicht meine leichten Schlupflider. Aber auch die sind ganz schnell verschwunden, wenn man die richtigen Produkte benutzt und den einen oder anderen Profi-Tipp vom Make-up-Artist beherzigt. Dann ist es fast so, als könnte man wirklich zaubern.

Welchen Beauty-Tipp würdest du deiner besten Freundin mit auf den Weg geben?

Der beste Beauty-Tipp ever: Liebe dich selbst! Denn das ist genau das, was ich versuche, jeden Tag nach außen zu tragen, mein Mantra sozusagen. Nur wenn du dich selber liebst und das Leben genießt, strahlst du das auch aus und dann kommt die Schönheit von innen, ganz von selbst.

Impressum

Projektleitung: Florian Fischer
Producing: 31Media GmbH, Stephan Strauß
Text: Alexandra Brosowski
Lektorat: Alexandra Bauer (textwerk, München),
Christiane Manz für textwerk, München
Umschlaggestaltung und Layout: Martina Baldauf, München
Übungen & Work-outs: Dennis Hartmann
Fotoproduktion: Frank Zauritz
Make-up: L.O.V Cosmetics/cosnova GmbH,
www.iov.eu/www.cosnova.com
Bildnachweis:
S. 62/63: iStock/Arturs Budkevics, S. 118/119: iStock/gruizza
Herstellung: Markus Plötz
Satz: Björn Fremgen, Kontraste
Reproduktion: Repro Ludwig, Zell am See
Druck und Bindung: Dimograf

ISBN 978-3-8338-6668-5
1. Auflage 2018

Die GU-Homepage finden Sie unter www.gu.de

 www.facebook.com/gu.verlag

Ein Unternehmen der
GANSKE VERLAGSGRUPPE